解码
女孩青春期

苏白 —— 著

天津出版传媒集团
天津科学技术出版社

图书在版编目（CIP）数据

解码女孩青春期 / 苏白著. -- 天津：天津科学技术出版社，2024. 6. -- ISBN 978-7-5742-2278-6

Ⅰ. G479-49

中国国家版本馆CIP数据核字第2024YY2503号

解码女孩青春期

JIEMA NÜHAI QINGCHUNQI

责任编辑：刘　颖

出　　版：	天津出版传媒集团 天津科学技术出版社
地　　址：	天津市西康路35号
邮　　编：	300051
电　　话：	（022）23332695
网　　址：	www.tjkjcbs.com.cn
发　　行：	新华书店经销
印　　刷：	天津鑫旭阳印刷有限公司

开本 670×950　1/16　印张 10　字数 80 000

2024年6月第1版第1次印刷

定价：49.80元

写在前面

成长是一个美妙且不可思议的过程，每个人都会在成长中经历快乐、难过、尴尬、疑惑等。女孩进入青春期后，无论是身体还是心理，都在悄悄地发生一些变化，令人不知所措。你是否也有一些成长中的困惑或烦恼羞于启齿或无人解答呢？

也许，你正经历着胸部逐渐隆起，怕被人盯着看的尴尬；经历着父母的不理解，总想和他们大吵一架的气愤；经历着被同学欺负，无人倾诉的苦闷……这些问题正推着你逐渐告别稚嫩的孩童世界，慢慢地步入青春过渡时期。

在如此特殊的青春期，那些不能对爸爸妈妈说，不好意思问同学、老师，不敢找外人倾诉的困惑或烦恼，又该怎么排解呢？

你应该正需要这样一本贴心解码女孩青春期的书籍。这本书将从与父母相处的技巧、友谊长久的秘诀、学习的妙招、网络社交安全、女孩身体的变化等方面，详细地解答女孩如何应对青春期遇到的各种烦恼或困惑，帮助你正确地认识青春期，从而顺利地度过青春期。

要相信，青春期的烦恼，都是奔赴彩虹路上的小雨滴，雨过天晴时，每个女孩都能遇到如彩虹般绚丽、美好的自己。让我们跟着这本书，将青春期的困扰和烦恼一一化解，收获成长中的美好礼物吧！

目　录

如何与父母处好关系

- 002　拜托，别看我的日记
- 006　不是顶嘴，我也有自己的想法
- 011　妈妈，进房间前可以先敲门吗
- 015　父母让我觉得窒息，该怎么办
- 020　为什么父母总爱拿我和别人比
- 024　难过时不知道怎么和父母说

女孩之间"微妙"的友谊

- 030　好朋友就要形影不离吗
- 034　她们好像在孤立我
- 039　通过"说别人坏话"交换友谊好吗
- 043　你能只有我一个好朋友吗
- 047　帮朋友也要有原则
- 051　可以和异性做朋友吗

055　拒绝你讨厌的"外号"

059　遭遇校园霸凌怎么办

你真的会学习吗

064　怎么制订适合自己的学习计划

068　理科真是女孩的"天敌"吗

072　为什么记很多笔记还是学不好

076　为什么会听不会做，课后记不住

080　你会给自己积极的学习暗示吗

084　学习成绩要靠时间累积吗

如何对待虚拟世界的诱惑

090　我爱追星，有错吗

094　沉迷网络小说怎么办

098　恋爱手游有害吗

102　网友约我见面，要去吗

106　学当"网红"好不好

110　她们的"朋友圈"好精彩

女孩的私密话题,你了解吗

- **116** 为什么会来"大姨妈"
- **120** "任性"到访的"大姨妈"
- **124** 来"大姨妈"时难受怎么办
- **128** 胸部变大的烦恼
- **132** 脸上长痘怎么办
- **136** 内裤上有白白的东西,是生病了吗
- **140** 瘙痒是因为卫生巾吗
- **144** 你会护理"小花园"吗
- **148** 身体长毛毛好难看怎么办

壹

如何与父母处好关系

拜托，
别看我的日记

青春对话

小玥:"梓涵,我上次教你把烦恼写在日记里,你尝试了吗?"

"唉……别提了,我妈偷看我的日记,现在我的烦恼更多了。"
梓涵

小玥:"偷看你的日记?那你是什么反应?"

"我好生气,把日记本锁起来了,还对妈妈发了脾气。"
梓涵

小玥:"我觉得,你要不要和妈妈聊一聊你的烦恼,顺便谈一谈别偷看你日记的事呢?"

问题解读

青春期的女孩逐渐会有一些自己的小秘密,我们将这些不为人知的"小心思"记在日记里,一方面是羞于向外人说起,另一方面是希望借写日记与自己"对话",记录心事的同时也希望找到一些问题的答案。而我们之所以不想把心事告诉父母,很多时候是因为怕父母知道后,将我们的秘密说出去,或做出一些过分的事情。

其实,站在父母的角度看,他们也只是"关心则乱",因为太过在乎我们,想要了解我们的变化,所以做出了一些"出格"的行为。事实上,父母"偷看"的目的不是"翻日记",而是想通过日记了解逐渐长大和变化的我们。

此时，若我们发脾气或做出一些激烈行为，只会让亲子关系陷入一场僵局。好的亲子关系靠沟通，如果我们能够积极地与父母沟通，让他们了解我们的生活，看到我们的成长，确保我们能独立解决问题，那么他们自然会安心地放手，不会再过多干涉我们的生活。

专家答疑

如何与父母沟通，才能避免"翻日记"事件再发生

1. 平时多与父母交流，让他们了解你在学校的日常生活，多和他们聊一聊你的同学和老师。

2. 明确地告诉父母，请不要偷看你的日记，或乱翻你的私人物品，因为你也有自己的隐私。

3. 有烦恼或心事时，积极地向父母求助，心平气和地与父母沟通，让他们参与你的成长，并从中感受你的信任。

4. 如果当下你并不想分享你的"秘密"，就告诉父母不要着急，你已经长大了，请他们给你独立思考的时间，让他们相信你能自己解决问题。并告诉他们，如果自己最后解决不了问题，则会主动向他们寻求帮助。

青春知识 小链接

直升机父母 VS 潜水艇父母

"直升机父母"指的是像直升机一样，时刻盘旋在上空，监视着孩子及其周围一切的父母。这类父母往往有较强的掌控欲，希望孩子的一举一动都在自己的视线范围内，如此他们才会踏实、安心。

"潜水艇父母"则恰恰与之相反，他们像潜水艇一样默默地潜伏在孩子身边，低调、自然地为孩子提供支持和保护，但是会在孩子有需要的第一时间现身，帮孩子解决难题。

在"潜水艇父母"的眼中，孩子总要经历独立、磨难、试错、自由等种种过程，这些都是成长的必经之路。所以，他们很少过度地干预孩子的生活，反而会更尊重他们的选择。这种尊重和放手的背后，藏着对孩子健全人格的潜移默化的培养。被"潜水艇父母"护航长大的孩子，反而能在日后更勇敢、更坚强地探索世界。

所以，你的父母究竟是"直升机父母"，还是"潜水艇父母"呢？不妨找个时间告诉他们做"潜水艇父母"的好处，开诚布公地同他们聊一聊你的想法，让他们看到你的独立能力和思考能力，这样他们也许会更放心给你自由的空间，尊重你的隐私和决定。

不是顶嘴，
我也有自己的想法

青春对话

"我告诉你,千万别让你妈撞见你用手机,否则你在她心里就定型了,她会觉得你一直在玩手机,不学习。"
梓涵

小玥
"怎么了?你用手机时被你妈训了?"

"是啊……我用手机查资料时,被我妈看见了,向她解释原因,她却不听,非说我是在顶嘴。"
梓涵

小玥
"梓涵,握手!我深有体会,每次都想好好跟他们解释,但他们都觉得我在顶嘴,真令人抓狂。到底怎样才不算顶嘴呢?"

问题解读

　　进入青春期的我们,可能都遇到过类似的情况,明明很努力地想把事情做好,但父母看到的却是我们的缺点和错误,喜欢按照打击和命令的教育方式否定和指导我们。他们觉得每次说我们一句后,如果我们有不同意见,便认为我们实在太叛逆、不乖,于是开始对我们发脾气,而我们心中也觉得委屈,感到气愤,导致自己和父母的关系逐渐恶化。

　　我们时常陷入困扰,因为父母似乎并不愿意给我们一个表达自我的机会。在这种情况下,我们可能会忍不住用顶嘴的方式来抗议他们的独断专行。然而，这样的行为只会加剧我们与父母之间的矛盾和隔阂，无法真正解决问题。同时，父母也会感到困惑，不明白为什么孩子不再像小时候那样"听话"了。

其实，青春期的变化不仅发生在我们自己身上，还体现在亲子关系中。不但我们需要适应青春期带来的一系列身体、心理变化，父母也需要慢慢地接受我们正在长大，开始有自己的想法和决策这件事。

进入青春期，我们有了更多的自我意识，这使得我们开始与父母产生不同的想法和观念。但是，这并不意味着我们与父母之间的关系会变得疏远或矛盾重重。在与父母沟通的时候，我们需要再多一点儿耐心，心平气和地说出自己的想法，不仅要勇于表达自己的感受，也需要学会接纳父母的建议。

用实际行动让父母感受到，我们已经逐渐长大，不再是只会听任指挥的小孩子了。相信父母会意识到，他们需要做到倾听和尊重我们的想法。

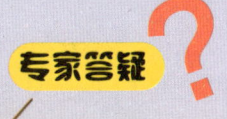

为什么进入青春期后,我总是忍不住想争辩

青春期进入后,我们总是忍不住和他人争辩,这与青春期特殊的心理发展阶段有关。通过深入分析,专家发现主要有以下三方面的原因。

1. 你的自我意识在觉醒,渴望自己做主。从发展心理学的角度看,人一生中"爱争辩"主要分三个阶段:2~5岁的自我意识萌芽期、7~9岁的叛逆期及12~15岁的青春期。青春期这个阶段的你经常容易情绪激动,在与他人沟通中爱争辩,是因为你的自我意识在快速地发展,希望自己的事情能自己做主,想让外界感受到你的力量。

2. 你心中积极地寻求社会交往,渴望被认可。强烈地渴望从社会交往中获得认可,是青春期的心理特征之一。当这样的心理遇到长辈或老师的说教和否定时,你就容易出现"顶嘴""反驳"等行为,其实你只是希望自己的声音被听见,以及自己的意见被接纳。

3. 你的生理变化也会引发"爱争辩"。进入青春期后,你不但在心理上会有自主意识觉醒、渴望被接纳等变化,生理上也会受内分泌激素的影响,表现得更敏感、情绪化,变得冲动易怒,一言不合就与他人吵嘴。但是,这种情绪只是一过性的,一旦度过青春期这段时间就会有所好转。

青春知识 小链接

理性看待争辩行为

美国弗吉尼亚大学在对150个13岁孩子的跟踪调研中，发现那些在家中更喜欢和父母争辩的孩子，日后更容易冷静地承受外界的压力和意见的分歧，在职业道路上也表现得更优秀。所以，你今天容易和父母争辩，也许正是你批判性思维、独立思考能力发展的表现。但表达要有度，不要伤害爱你的父母。当你情绪激动，想反驳父母、表达意见时，你不妨采用以下更恰当的沟通方式。

1. 不要打断父母说话，先真诚地看着父母的眼睛，让父母说完，让父母感受到你的理解和尊重。再以理服人，心平气和地说出你这么做的道理，让父母了解你的想法，寻求他们的理解和认同。

2. 深呼吸，调节情绪，先快速地让自己的情绪稳定下来，避免在激动时说出过激的言论，别让你的顶撞伤了父母的心。待双方情绪稳定后，再寻求机会冷静地沟通。

3. 主动倾诉，寻求帮助。日常多倾诉，尝试和父母像朋友一样真诚地沟通，让父母倾听你的声音，通过主动沟通减少亲子之间的误会。

妈妈，进房间前可以先敲门吗

妈，您能不能进房间前先敲门？跟您说过多少次了！

青春故事

放暑假的小玥最近苦恼于一件事,妈妈进她房间前从来不敲门。一大早,妈妈就进房间掀她的被子,喊她起床吃早饭;发觉她房间内特别安静时,妈妈就会忽然打开门,看看小玥在干什么;当小玥正全神贯注地看书或学习的时候,妈妈忽然推门进来给她送水果。妈妈这些突如其来的举措,经常吓得小玥浑身冒冷汗。小玥虽然没干什么错事,却产生了"做贼心虚"的感觉。为了反抗妈妈随意进出自己房间带来的"精神创伤",小玥开始锁房门,而这引起了妈妈强烈的不满,让小玥十分烦心。

问题解读

在父母进自己房间是否需要敲门这个问题上,相信很多孩子都听过这样的话:

"在自己家还敲什么门?你是我养大的,还有什么我不能看的?"

"你翅膀硬了,开始跟妈妈讲隐私了?不跟妈妈亲了,是不是?"

很多孩子都有一个"无权上锁的房门",父母以爱和关心为名自由地出入我们的"领地",这令我们不快且苦恼,甚至让亲子关系陷入僵局。

青春期是我们从孩子向成人的过渡时期,我们渴望独立、自由，开始有心事和隐私，同时我们也渐渐地养成自己的思考习惯和行事方式，不希望被父母打扰或控制。

其实，"不敲门"在父母看来，是因为他们还没有习惯我们青春期的改变和成长；"锁门"在我们看来，是对自己私人空间的捍卫。想要化解这种由双方认知和理解上产生的矛盾，不应该靠彼此说教或对抗，而应该持互相尊重的态度及高效沟通的方式来解决。

专家答疑

如何让父母学会敲门，让他们能给我足够的个人空间呢

1. 转变思维模式，不要用锁门和大吼大叫与父母对抗。主动向父母提建议，温和而明确地告诉他们："我都长大了，想有一些自己的空间，下次进房间先敲门呗。"

2. 主动沟通，让父母更了解你的动向。父母之所以进你房间前不敲门，主要是对你在做什么感到好奇和关心。因此，你可以主动告诉父母，比如："我一会儿要写语文作业，不用给我送水果了"，使父母更了解你，这样父母就不担心与你之间有隔阂，自然就会放心地给你空间。

3. 心平气和应对父母的不敲门行为。情绪互为因果，当父母不敲门进入你房间时，你可以耐心地解释，请他们给予尊重和空间，几次过后，相信父母就会逐渐适应，会更理解你语言背后传达的强烈意愿。

4. 幽默地化解。可以在门口挂一个语音提示小挂件，开门时有"欢迎光临"等提示语，这样给自己心理准备的同时，也能缓解亲子冲突，委婉地提示父母。

青春知识　小链接

心理闭锁期

心理闭锁期，是我们在青春期发育过程中出现的阶段性心理特征时期。闭锁心理作为青春期的孩子较为常见的心理现象，主要表现为出现隐秘心理，喜欢把自己封闭起来，与人较少交流，不愿表露自己内心的矛盾和想法，要求有自己的独立空间等。这主要是由于进入青春期后，我们的内心世界变得更加丰富、充实，在渴望得到外界关注和理解的同时，我们的独立意识也在增强，希望有更多的自主权。

如果你出现这样的闭锁心理，不要焦虑，因为很多人在成长过程中都有过这样的经历。心理闭锁期，会让我们遇事更加认真思考，逐渐学习独立解决问题的能力，随之而来的是更易钻牛角尖，容易自卑和忧伤。只要我们转变思想，遇事时先努力提高自己的素质，积极沟通与交流，不情绪化地排斥外界，就能轻松度过心理闭锁期。

父母让我觉得窒息，该怎么办

青春对话

"有时候跟我爸妈在一起,真让我觉得窒息。"
梓涵

 "为什么?我看你爸妈对你挺好的呀,在吃穿用度方面,你在咱们班几乎算是'高配'了。"
小玥

"他们控制欲太强了,我爸妈根本不懂我。我连自己选个冰激凌的口味都不可以,因为他们什么都想替我安排好。并且我妈总觉得他们是为我好,但我并不喜欢他们这么做。"
梓涵

 "我还以为只有我有这样的烦恼,原来大家都一样,都是父母管得太多了。"
小玥

问题解读

也许此刻,你在与父母的相处中正经历着压抑、痛苦、焦虑。他们或许并没有打骂你,相反他们对你很好,帮你扫清成长道路中的一切障碍。然而,他们对你的控制以及带给你的压力让你倍感窒息和彷徨,内心时刻充斥着仿佛要被吞噬的焦灼感。

其实,你和父母之间并没有不可调和的矛盾,只是有时候大家都忘记了要去理解和接纳彼此的不同。大多数人在青春期都会经历这个煎熬的阶段，你可能因不能穿自己喜欢的衣服，只能穿妈妈选好的衣服而偷偷掉眼泪，可能因妈妈阻止你买自己喜欢口味的冰激凌而暗暗生气。这令你感到的窒息，一方面是因为青春期的你已经开始有自我独立的需求，另一方面则是因为违背父母的意愿，容易使我们陷入愧疚、自我指责、自我怀疑，青春期的我们还不能很好地处理这些复杂的情绪。

父母并不是完人，他们也有犯错的时候，或许他们的某些观念和做法已经不再适用步入青春期的你，但这并不意味着他们不爱你。给父母一些时间，他们正在尽力适应你的成长和变化。当你和父母之间出现矛盾时，不妨试着换位思考，理解他们的立场和感受。这样我们就能看到父母之爱的更多面，便不会再觉得父母的关怀如同沉重的枷锁。>>>>>>>>>>>>

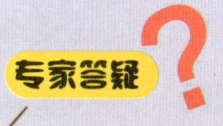

如何化解父母的控制欲，减少家庭生活中的"窒息感"

1. 主动成长与改变。父母的控制欲，从某种意义上说是他们内心脆弱和恐惧的表现，他们担心你不快乐，也担心你长大后会疏远他们。所以，你要在行为上展现自己的独立能力，在情感上展现对父母的亲密，以使父母放心，这样他们就会逐渐给你成长的空间。

2. 放下对自主的不切实际期待，别急于挣脱父母的怀抱。此刻的你，虽然青春洋溢，但羽翼尚未丰满，独自飞翔尚显稚嫩。父母的经验如同指南针，指引你前行的方向，让你的青春航程更加顺畅。

3. 进行自我说服与开导，理智地分析自己"窒息感"的来源，有针对性地解决问题，用正向想法化解困境。

4. 寻求专业的帮助，不要怕难为情，可以向心理老师寻求帮助，倾诉自己的困境，让老师帮助你解决你和父母之间的矛盾。

青春知识 小链接

离家出走能解决问题吗

每当和父母相处中感到压抑和痛苦时，我们可能都想过离家出走。我们以为只要逃离眼前的环境，就能彻底摆脱心中的窒息感和抑郁感。但逃避没有用，离家出走也不能帮我们脱离困境，还可能产生一些危险。

1. 由于经济不独立，离开家后自己无法生存，流浪的路上会吃很多苦。

2. 遇到骗子、人贩子、坏人等，身心受到伤害或遭遇不幸。

3. 无法完成学业，未来无望，还容易走上违法犯罪的道路。

青春期的我们，往往比较理想化，认为凭借自己的冲动，就可以在社会上立足。离家出走意味着我们失去家庭的支持和保护，无论是物质上的匮乏，还是精神上的孤独，都是年少的我们难以承受的。

我们要明白，成长中的压抑只是一时的，没有什么是永恒不变的，包括我们的情绪和遭遇。就像夜晚的黑暗终将被黎明的曙光驱散，我们的压抑和困难也终将在时间的推移下逐渐消散。

面对成长中的压抑，既不要沉溺其中，也不要逃避现实。我们可以通过积极的心态和行动来释放压力。还可以从压抑中汲取力量，通过克服这些困难，更加坚韧地成长。

成长中的压抑可能会使我们感到痛苦和不适，但我们不能因此自暴自弃。我们应该努力学习、提升自己，为未来的理想生活打下坚实的基础。只有这样，我们才能真正地走向独立和自由。

为什么父母总爱拿我和别人比

青春对话

"你怎么就不争气呢？你看对门邻居小璐，这次考试又是第一名，你天天跟人家一起玩，怎么不学学人家好好学习考第一呢？！"
小玥爸爸

小玥
"我已经很努力了，为什么你总拿我和她比。她每次都考第一名，压根没进步。我上次考第15名，这次考第12名，还进步了呢。"

"进步？你还挺满意呗！爸爸跟你说，你不努力就会落后，人家第一名都努力学，你这十几名的成绩，更要努力。"
小玥爸爸

小玥
"不想和您继续讨论这个话题了。"

问题解读

你是否也有这样的烦恼，明明自己身上也有闪光点，但父母总是拿你和别人家的孩子比较，令你很不快。似乎在父母眼中，别人家的孩子什么都好，而自己总是一无是处。于是，内心感觉不舒服、不服气，甚至很委屈，心里埋怨父母为什么总要拿自己和别人家的孩子比呢？

其实，父母并不是更喜欢别人家的孩子，也不是不爱你。相反，正是因为父母对你倾注了太多爱，所以希望你变得更好，期待你变成人群中最闪亮的那颗星。只是他们不恰当的比较行为，掩盖了爱你的心，使你没能发现爱，却感到了委屈。

相信自己，你是最棒的！没有哪个"别人家的孩子"比你更有潜力。每段成长之路中，我们不必跟他人横向比较，只要跟自己纵向比较即可。只要今天比昨天更进步，你就是生活的胜利者，也在逐渐变成更好的自己，这样你就跑赢了整个青春期。

专家答疑？

面对父母的比较心，我该如何灵巧沟通，避免矛盾

1. 多向父母展示自己的优点。每个人都是独一无二的，都有独属于自己的闪光点，只是你的父母可能还没看到。因此，你要主动展示，让父母发现你的闪光点，这样他们就不会埋怨你，也不会随便拿你与他人比较。

2. 敞开心扉，与父母多沟通。有时候，父母可能没意识到他们的比较行为正在伤害你。因此，你可以及时向父母表达你的心声，让他们知道你被比较的苦恼，从而获得父母的理解。

3. 诚恳表态，引导父母降低不合理的期望值。父母可能喜欢横向比较你和别人家的孩子，觉得你不够优秀，此时，你可以引导父母纵向比较，让他们将今天的你与过去的你相比较，从中看到你的进步。同时，引导父母降低对你的不合理期望值，让父母知道你也在尽力精进，促使父母不再纠结于比较。

青春知识 小链接

作家三毛的"自救式"成长

著名作家三毛上小学时数学成绩不好,加上她是家中第二个女儿,三毛觉得自己不受父母喜欢,也比不过家中其他孩子。这样的自卑心理让三毛变得越来越自闭。

后来,在一次数学考试中,三毛发现老师每次出的题都是书中的习题,她便在考试前死记硬背,狠下功夫背下了所有习题,数学一连考了六个100分。数学老师觉得三毛考试有抄袭的嫌疑,便重新出了一张试卷考她。面对没做过的新题,三毛自然考得一塌糊涂。老师便愤怒地惩罚三毛,在全班同学面前用毛笔在三毛脸上画了两个大圆圈,以此嘲笑三毛之前考试抄袭的行为。

这件事令三毛十分崩溃,使她产生了严重的心理问题,甚至一度无法继续上学。后来,三毛转变思想,不再纠结于和兄弟姐妹比较,也不执着于数学成绩,转而投入画画和写作,并远赴西班牙留学。终于,她逐渐发现自己在写作上的天赋,写出《撒哈拉的故事》这样优秀的散文集,成为享誉世界的著名作家。

请相信,每个人都是一朵花,只是花期不同。也请相信,每个人都是一束光,值得被期待。我们无须和别人比较,只要耐心挖掘,你一定有独属于自己的闪亮之处。

难过时不知道怎么和父母说

青春故事

梓涵的同桌趁她不在时翻她的书包，惹得梓涵大发脾气。后来，同桌解释说，是因为自己手表不见了，以为谁恶作剧，把手表藏在梓涵的书包了，她才急急忙忙地来翻找。虽然是个误会，但是梓涵心里还是有点不舒服。晚上回家后，她把这件事告诉了妈妈。听完妈妈的分析和开导，梓涵才彻底放下自己和同桌之间的小误会，第二天又高高兴兴地和同桌一起玩闹了。

问题解读

进入青春期后，很多女孩都觉得自己已经长大了，不应该什么事情都和父母说，经常在不经意间将自己和父母划成不同的阵营，即使自己有很多难过、纠结、委屈的心事，也不想和父母倾诉，甚至也不知道该怎么和父母倾诉。

虽然我们在快速成长，但仍有很多事情处理不好，比如同学之间的拌嘴、学习上的困难、莫名的郁闷等。同时，由于害羞、怕被批评、不想父母担心等，在遇到事情时只想自己承担。种种成长琐事，在我们的心中积压着。

其实，无论父母平时如何严厉，他们对孩子都是疼爱的。你要相信，在遇到困难、感到难过的时候，积极向父母倾诉并寻求帮助，父母会很乐意用自己的人生经验来提供帮助，帮我们解决问题及调节情绪。

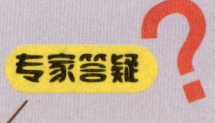

当我感到难过或遇到困难时，我应该怎么办呢

1. 正视自己内心的难过和负面情绪。在成长的过程中，每个人都会有难过或产生负面情绪的时候，不要过度苛责自己或纠结，只有当你正视问题，负面情绪才可能得到改善。

2. 多和妈妈倾诉与交流。女孩的内心往往较为细腻、敏感，每当遇到烦心事时，可以多和妈妈倾诉，讲一讲自己难过的原因和烦心事，听听妈妈的建议。妈妈曾经也是小女孩，要相信，她能理解你的烦恼与困惑。

3. 每天回家和父母分享白天在学校发生的事，父母都很希望了解你的校园生活。因此，你可以把你白天的见闻分享给他们，不让自己的负面情绪和心事积压到第二天，把和父母沟通变成一种习惯。

4. 无法说出口的心事，可以写在信中或网上留言。可以把心事写在信件、便利贴上，或用微信等聊天软件发给父母，这些沟通形式不仅能减少当面倾诉的尴尬，还能帮女孩更好地敞开心扉。

青春知识 小链接

疏解负面情绪的小妙招

1. 运动缓解法：感到难过或情绪低落时，你可以进行合理、适当的运动，如跑步、游泳、跳健身操等，这些运动都有利于释放你的负面情绪。

2. 眼泪缓解法：大声哭泣可以帮助我们发泄情绪，缓解高度紧张、难过、痛苦的心情。必要的时候，你可以通过哭一哭来告别负面情绪，这样很快就会"雨过天晴"。

3. 转移注意力：有时候我们感到难过，可能是因为钻了牛角尖，过于纠结一件事。此时，你不妨看书、画画、听歌等，换个环境或做一点自己感兴趣的事，都有助于缓解难过的心情。

4. 深呼吸冥想法：感到难过又不想向外界倾诉时，你可以尝试深呼吸，连续进行2~3次深呼吸，再找个令身体舒服的姿势，闭眼、放松、平稳地呼吸，并进行自我暗示："睁开眼时，我会平静而轻松。"多练习几次，有助于缓解难过的情绪。

女孩之间"微妙"的友谊

好朋友就要形影不离吗

青春故事

小玥认为,自己和梓涵是最要好的朋友,无论做什么都要形影不离才好,她喜欢两个人做什么都保持同步的状态。比如梓涵数学很好,所以报名了竞赛班,小玥虽然对数学不感兴趣,但也吵着要和梓涵一起去上课。即使小玥爸爸觉得女儿不适合报竞赛班,但也只好给她报了名。

没想到,才上了几次课,小玥就觉得十分吃力,跟不上老师的进度。竞赛班的课程学习令小玥倍受打击,连在学校的日常学习也提不起兴趣。原本小玥为了和好朋友梓涵保持同步,没想到不但竞赛班的课程没学好,还影响了自己在学校的正常学习,实在得不偿失。

问题解读

很多处于青春期的女孩认为,好朋友就应该无话不谈、形影不离,只有两个人天天黏在一起,互相之间没有一点隐瞒,才说明这份友谊坚不可摧。也许,你也曾遇到和小玥相似的情况,为了和朋友形影不离而盲目地去做自己不喜欢的事,或者在被朋友拒绝、疏远时,觉得受到伤害。

实际上,人与人之间的交往,在任何时候都需要保持一定的距离。距离产生美,哪怕再好的朋友,你们彼此也都是独立的个体,互相需要留有一定的私人空间去隐藏自己的心事,维护自己的隐私。

所以，好朋友不一定要形影不离，只要彼此的心是贴近的，即使不常常在一起，朋友之间的亲密友谊也不会被遗忘。

专家答疑

好朋友之间应该如何相处，才算是合适的度呢

1. 好朋友之间要保持适当的距离，学会尊重彼此的隐私。真正的朋友不一定时时刻刻都在一起，但当你需要帮助时，总会伸出援手给你支持。同样的，无论你把谁当好朋友，都要学会在对方有困难时给予帮助。

2. 好朋友之间应有适度的关心。友谊需要保持在一个双方都觉得身心愉悦的空间范围内。这个空间不仅指物理距离，还指心灵空间。适当的关心是体贴，过度的关心则是压力。所以，对朋友的关心、依赖都要把握一定的尺度。只有尊重对方的感受，才能友谊长存。

3. 好朋友要积极分享美好的事物。在与朋友相处时，分享美好，传递希望，保持分寸；不开过分的玩笑，不强人所难地去要求对方，不传递消极的思想，这样的友谊才是健康、美好的。

青春知识 小链接

好朋友之间要遵循哪些相处原则，才能让友谊长存

1. 尊重朋友的隐私，对于朋友不想分享的事情，不要过度追问和打听。

2. 尊重朋友的习惯、审美、爱好、选择，不贬低朋友，也不和朋友攀比，保持平等、尊重的交流。

3. 学会保守秘密。对于好朋友分享给你的重要事情或者小秘密，不要外传，要珍惜朋友对你的信任，不将他人的秘密作为谈资。

4. 学会倾听和分享。倾听好朋友的心声，设身处地地为好朋友着想，为对方提供积极、正能量的观点和建议。

5. 和好朋友保持一定的距离。适当的距离能让朋友之间的相处更舒适，"半透明"的友谊，才让朋友之间的情感更有张力。

她们好像在**孤立我**

青春故事

梓涵是班级的学习委员,日常负责收交班级同学的作业以及管理自习课的纪律。因为身兼学习委员的重任,每次遇到不交作业的同学或自习课上调皮、捣蛋的同学,她都会认真地记录好,并报告给老师。梓涵认为自己这样做是在履行学习委员的职责。但班里的部分同学因梓涵上报名单而被批评过几次,便不再和梓涵交好,也不爱搭理梓涵。梓涵发现每次自己一走到同学跟前就被他们无视,觉得自己好像被孤立了,心里既气愤又委屈,不知道该怎么办才好。

问题解读

在青春期的这个阶段,我们总是容易遇到各种各样的人际关系方面的问题。特别是内心较为细腻、敏感的女孩,遇到人际关系问题时的想法也更多,更容易陷入人际交往的障碍和心理问题的漩涡。比如,同学犯错误时,自己帮老师管着对方了,会不会被对方记恨,要不自己下次不管了;几个女同学围在一起,是不是在说自己的坏话,她们可能讨厌自己,所以自己不凑过去吧;她们一起玩跳绳,没过来叫自己时,应该是不想跟自己玩儿,那自己也不和她们玩儿了。女孩越是这样消极地处理与同学之间的关系,往往越觉得自己被孤立,因为自己的消极应对,有时甚至使自己逐渐变成班级的边缘人物,难再融入集体。

请相信,青春期的同学之间并没有不可化解的深仇大恨,因此,你即使暂时难以融入大家,也不要将自己封闭起来,也许他人并不是故意孤立你,只是缺少一个了解你或与你重修友谊的机会。

你要打开心扉,尝试再去融入集体,相信同学之间的小矛盾和小误会,很容易就被友善和真诚化解。

专家答疑

如果在班级里被孤立,应该如何处理

1. 先自我反省,分析自己是否存在问题。如果班级里个别同学对你有意见,那么可能是对方有问题;但如果一个集体都排斥你,你感受到被孤立,那请先反省你自己是否有不对的地方。看看自己有没有过于"以自我为中心",有没有伤害他人,有没有犯一些自己容易忽视的错误。要想让同学接纳你,首先你要思考自己是否值得被对方接纳。

2. 学会宽容、大度。无论是朋友之间的相处,还是同学之间的相处,人和人之间难免会有想法不一致、习惯不一致的情况,学会理解人、包容、尊重他人,只要你拿出善意去接触对方,对方自然会回馈以善意,在善意的基础之上,双方才能建立真正的友谊。

3. 主动融入对方的圈子，积极锻炼自己的社交能力。有时候你觉得自己好像被孤立了，可能这并不是对方的本意，而是你过于羞涩和内向，令别人不知道该如何接近你。此时，你不妨尝试先打开自己，去接触和融入他们。多加入聊天话题，多为对方提供帮助。要相信真诚是交友的重要品格，你的真诚必然能让他人接纳你。

青春知识 小链接

旁观者效应

被孤立时，错误的原因在于你吗？其实，未必。

心理学中有一个"旁观者效应"，指的是当你正陷入一件困难的事情时，如果周围旁观的人越多，则给予你帮助的人就越少。围观的人都不想做"出头鸟"，他们都在等"第一个去帮忙"的人，如果有一个人能打破这种局面，则其他人就将蜂拥而至地为你提供帮助。

在社交中被孤立，也是旁观者效应在作祟。也许开始时，班级只有一个人因矛盾而想孤立你，这时候周围人的态度会比较微妙，不会很快一起孤立你，但他们会以旁观者的姿态观望。当人际交往的风向出现变化，需要他们做出选择时，他们才会开始思考自己的立场，根据"风向"加入孤立你的人群，但孤立你，往往并非他们内心的本意。

要想扭转这种局面，需要你发挥乐观主义精神，不在被孤立的氛围中自怨自艾，设法打破人际交往"风向"中的平衡，缓和自己与一两个小团体"关键人物"之间的关系，这样那些旁观者就会再次选择"站队"，从而你被孤立的局面就会迎刃而解。

通过"说别人坏话"交换友谊好吗

青春故事

最近,小玥的班里来了一名叫小华的转校生。这位转校生希望能快速地在班级里交到朋友,居然另辟蹊径,通过和班里很多女生一起说他人坏话和八卦的方式来融入集体。班里的"风云人物"小玥,就成了小华和很多同学八卦的谈资。从小玥的穿着打扮,到她和哪个男生多说几句话,都变成小华挖苦、调侃的内容。这种说他人坏话和对他人品头论足的方法居然很有效,小华果然很快融入了新集体。但没有不透风的墙,很快那些坏话就传到了小玥耳朵里,不禁令她火冒三丈。于是,小玥失去理智地想报复小华,还好最后被好朋友梓涵劝住。并且梓涵告诉她,说他人坏话是交不到真朋友的,这种不讲道德的行为,只会让他人对一个人望而生畏,敬而远之。

问题解读

通过说他人坏话来换取友谊的方式,在现实生活中并不少见。你是否经常能在校内外看到同学三三两两地聚在一起说笑,如果大家从大声交谈逐渐变成说悄悄话,那很有可能是在八卦某人了。这些同学常常自以为彼此之间的关系很坚固。殊不知,这样的友谊其实不堪一击。不纯真的友谊随时都可能破裂,不仅破坏班级和谐,还会影响大家正常的学习和人际交往,实在是有百害而无一利。

用不道德的方式获得的友谊,不但伤害他人,也会给自己带来负面影响。所以，靠说他人坏话获得的友谊不要也罢，因为那些靠伤害他人获得利益的人，总有一天也会反过来伤害你。

专家答疑

想收获真正的友谊，让友谊之船更为坚固，该怎么做

1. 说坏话不可取，但说好话很聪明。每个人都喜欢听好话，与其靠诽谤他人获得所谓的友谊，不如夸奖别人，拉近你与对方的关系。要想结交一个人，就用心去发现对方的优点，多赞美对方。这样，对方感受到你的诚意之后，自然愿意与你做朋友。

2. 学会向他人求助。在社交中，"被需要"的感觉也能让人与人之间在相处中建立责任感，产生更为亲密的友谊。刚融入一个新集体时，不妨直接地表达你对朋友的渴望，寻求他人的帮助，并表达感谢。他人在帮助你时，能从这份施予中感受到快乐，而你们之间的关系，也会因频繁的互助和联络而逐渐加深。

3. 积极地帮助他人。想收获健康、坚固的友谊，你要先学会做一个诚恳、热情的人。积极主动地帮助同学、关心同学，把你心中的温暖、自信、关心传递给他人，久而久之，你自然能吸引来品德高尚的亲密朋友。

青春知识 小链接

言人之不善，当如后患何

孟子曰："言人之不善，当如后患何？"这句话翻译成现代文的意思是，说别人的坏话，招惹来后患该怎么办呢？

古语有云："君子以成人之美，不成人之恶。"所以，在看到他人有不足时，我们应该尽量去帮他人掩盖和隐藏，不要抓住他人的缺点和痛处到处传播。这不仅是一种仁义之心，还能帮我们趋利避害，不至于招致祸端。

当你传播他人坏话而觉得有趣时，这其实已经对他人造成了一种伤害。今天的因就是明天的果，在言语伤害他人的时候，你应该预见，总有一天，他人也会用同样的方式来伤害你。所以，通过说他人坏话的方式换取友谊或者其他什么东西，都是不可取的卑劣行为。

你能只有我一个好朋友吗

043

青春故事

最近有一件事让梓涵耿耿于怀,她最好的闺蜜小玥认识了新朋友。以前小玥课间只会叫她一起出去;现在看到梓涵在座位上看书时,小玥也不会强拉她陪同了,而会转身找她的新朋友露露。虽然明白小玥不可能只有自己一个朋友,但梓涵心里还是酸酸的,好像自己的闺蜜被别人抢走了一样。某天,梓涵终于忍不住,质问小玥:"为什么你就不能只有我一个好朋友呢?"这个问题令小玥哭笑不得,但又只好开导梓涵,让她不要那么小气。

问题解读

步入青春期的我们经常显现自我的一面。我们希望自己是特别的存在,并且在面对人、事、物时,往往希望能够一人独占,这种强烈的占有欲不仅让自己感到疲惫不堪,也会让身边的人感到有压力。

青春期的友谊是纯真且多样的,绝大多数人都不会只有一个好朋友。比如,我们会有谈得来的好朋友A,有一起上补习班的好朋友B,甚至还有A和B都不认识的新朋友C,这都是很正常的人际交往现象。成长中的我们每天面对新鲜的人、事、物,总有机会结识新朋友。因此,要求对方只有自己一个朋友,这个想法是不现实的。

我们不妨换位思考一下,你应该也希望自己是个自由的人,有结交新朋友、拥抱新事物的权利。同样的，你的朋友也享有这样的权利。

学生时代的友谊是十分美好的，前提是我们要对友谊有正确的理解。坚固的友谊并非只有彼此，而是因为我们始终能从朋友身上获得支持、尊重和快乐。平等且自由，才是友谊长存的不二法宝。

专家答疑

为什么进入青春期后会对朋友有较强的占有欲

1. 对朋友有占有欲的心情可以理解。当你把对方当成自己最好的朋友时，你自然也希望自己在对方心中享有同样的地位。

2. 依赖心理和缺乏安全感。当你过分依赖一个朋友时，你会担心对方身边因出现其他人而忽略自己。但我们要认识到，过强的占有欲不但会给自己造成精神压力，还会影响彼此之间的友情。

3. 不够自信。你之所以希望对方只有你一个朋友，或许是因为你还没找到自己的价值，认为自己不能获得对方长久的友谊。你需要知道，好的友谊是彼此成全、共同成长，而不是彼此约束。

4. 嫉妒心理。在交友中，我们应该端正态度，收起嫉妒心，为好朋友交到更多优秀的新朋友感到高兴。若你心胸开阔，也能吸引更多人来主动结交。

友情中占有欲的负面影响

提到占有欲,很多人觉得这是爱情中才有的词,实际上,在友情中也有极强的占有欲、"吃醋"的情况,而且友情中的占有欲表现得更加微妙。我们的情绪会随着朋友之间亲密关系的变化而波动,有时候甚至会因占有欲过强而对朋友产生猜忌、误解和怨怼。"你能只有我一个好朋友吗?"这种占有欲一旦出现,就会对我们的友谊产生负面的影响。我们会因为占有欲去限制朋友的行为,使自己感到耿耿于怀的同时,也让对方觉得压抑和郁闷。友情关系中过度的占有欲会让我们变得焦虑不安,也会导致和朋友的友谊出现裂痕,不再坚固。

我们需明白,友谊一定要以彼此信任、互相理解为基础。健康的友谊是互相促进、携手成长的,一起走向更好的未来。

帮朋友也要有原则

青春故事

因为数学考试中帮小玥作弊,梓涵被老师叫了家长。梓涵妈妈对此十分生气,回到家就对梓涵一顿训斥,厉声斥问道:"你说一说,为什么会犯考试作弊这种错误呢?"

梓涵委屈地表示,自己没有抄袭,只是想帮小玥。

梓涵妈妈无奈地劝告梓涵:"帮朋友也要有原则,不要是非不分。你这样做,不是在帮她,而是在害她,会使她养成依赖作弊、不诚实的坏习惯。作为朋友,你要是真心想帮小玥,可以帮她补习数学,而不是帮她作弊。"

梓涵听了妈妈的话,觉得很惭愧,也意识到自己这样无原则地帮朋友是不对的。

问题解读

我们的三观尚在构建中,在面对很多事情时,还不能正确地做出判断,也难以恰当地解决问题。而"讲义气"不仅存在于男生之间,在女孩的友谊中,大家也十分看重"姐妹义气"。于是,当自己的小姐妹、好朋友遇到难题,或受到欺负时,我们常常会有为朋友"两肋插刀"的冲动,认为既然彼此是朋友,就应该在朋友有难时相助,若退缩就是不讲义气的表现。

然而,青春期的我们还没有建立健全的是非观念,虽然我们是好心帮朋友,但如果没有原则和底线,不辨对错地盲目帮助朋友,很可能好心办坏事,做出一些害人、害己的错事。

我们要知道，帮朋友及时改正错误，远比不分青红皂白就帮她们"出头""出气"更重要。帮对方变得更好，才是真朋友应该做的事。

专家答疑

当遇到朋友需要帮助时，我们应该如何应对

1. 耐心倾听。有时候，朋友可能并不需要我们提供具体的解决方案，他们只是需要有人倾听自己的烦恼。我们耐心地倾听和劝导，就是对朋友最大的支持。

2. 讲义气，更要讲原则。帮助朋友要以正确和正义为原则，不要盲目地支持和帮助朋友。如果朋友计划做的事是积极正向的，那么我们可以帮忙；如果朋友做的事是消极错误的，那么我们予以制止，就是在帮助朋友。

3. 勇敢对朋友说"不"。真正的朋友，是那些在我们面临风险时，会阻止我们、不会让我们陷入危险的人。而那些企图拉我们下水，用"姐妹义气"等言辞煽动我们犯错的人，其实只是在利用我们的善良，并未将我们视为真正的朋友。因此，当朋友试图诱导我们一同走向错误的道路时，我们要果断地拒绝，不受所谓的朋友情谊束缚，不陪他们做坏事。与我们价值观不符的人，终究无法成为我们长久的伙伴，我们也无须因为拒绝与他们一同犯错而感到愧疚。

人际交往吸引规律

如果将我们日常生活中的人际交往看成是一幅人与人之间的动态作用图，那么人与人之间互相吸引和排斥的效果就十分明显。人际交往中的吸引规律总是遵循一定的法则，若掌握这种法则，我们就能让更多人喜欢我们，收获更多的朋友。从社会心理学角度看，人际交往遵循以下几点吸引规律。

1. 接近吸引律。交往双方如果存在年龄、兴趣、生活背景、所处环境等接近点时，就容易产生寻求归属感的心理，更容易互相吸引，成为朋友。

2. 相似吸引律。所谓"物以类聚，人以群分"，人们更喜欢和与自己在某方面有相似性的人成为朋友，比如相似的三观、爱好、信仰等。

3. 互补吸引律。两个人之间如果性格、经验等方面存在互补，则更容易成为朋友。比如，沉默寡言的人经常有个活泼话多的朋友。

4. 能力吸引律。很多人都有慕强心理，越有能力的人，往往越容易吸引他人。但拥有更多朋友的往往并不是能力最强者，而是那些也会犯寻常错误的人，因为他们不容易让他人产生压力。

可以和异性做朋友吗

青春对话

"小玥,最近班级里传你和体育委员在谈恋爱,你还是注意点吧,别和他走那么近了。"

梓涵

"谢谢你提醒我。不过我们俩才没有谈恋爱,我们只是因为很喜欢同一个作家的小说,所以最近经常一起讨论而已。再说了,我俩一起讨论文学,语文成绩多少都有进步,这是好事,有什么可回避的?我们不能因为别人的闲言碎语,就放弃一个志趣相投又能共同进步的朋友呀。"

小玥

"也对,你说得有道理,谁说异性就不能做朋友呢?和男生做朋友也是正常的。"

梓涵

问题解读

青春的脚步悄然而至,男孩女孩间的友谊仿佛被蒙上了一层神秘的面纱。和异性说一句话、和异性一同走过校园的林荫小道,或是和异性共同探讨作业难题……这些原本正常的互动,却在不经意间成了外界猜测的焦点,甚至被误传早恋。

我们与异性建立友谊,并非一件错事,你无须因此感到迷茫或背负沉重的负担。只要我们在交往中把握好分寸,保持适当的距离,这份友谊便会如清泉般纯净。

同时，我们也要学会保护自己，勇敢地面对那些无端的流言蜚语。用坚定的语气澄清事实，震慑那些造谣者。不要让这些负面的言论侵扰你的内心世界，影响你的生活节奏。

专家答疑

进入青春期后，对男孩产生好奇心是怎么回事

1. 生理自然反应。对异性产生好奇，是很正常的生理反应。进入青春期后，女孩的第二性征开始发育，这些生理变化使得我们开始更加关注自己的身体和性别特征，同时也对异性产生了更多的好奇心。

2. 心理变化带来的探索欲望。青春期是一个充满好奇和探索的时期，女孩开始对自己的内心世界和外部环境产生更多的疑问和兴趣，而男孩作为一个与女孩不同但又有共同之处的存在，自然成了女孩探索的一个方向。女孩想要了解异性的思维方式、行为模式等方面，以此来丰富自己的认知。

3. 社交需求。青春期的女孩开始更加注重社交和人际关系，渴望与同龄人建立更加紧密的联系。而男孩作为同龄人中的一个重要群体，自然也成了女孩社交的一个重要方向。通过与男孩的交流和互动，我们可以更好地了解同龄人的想法和行为方式，从而更加融入社交圈子中。

4. 开阔视野。青春期的女孩在不断地学习和成长,渴望从生活中获取更多的经验和知识。异性可以为我们提供不同的视角和经验看问题,通过与异性的交流和互动,帮助我们更加全面地了解世界和人生。

青春知识 小链接

与异性做朋友的注意事项

1. 与异性交友要掌握分寸,虽然是朋友,但女孩和异性朋友之间尽量不要有过多或者过分的身体接触。

2. 与异性交友要注意保持平和的心态,理智地区分友情和爱情的界限,避免出现早恋问题。

3. "男女有别"是异性交友的重要原则,说话做事不要越界,要注意尊重异性朋友。

4. 友谊是大大方方的,与异性做朋友也一样。我们应该以共同学习、共同进步为目的与异性做朋友。避免因异性友谊而患得患失,产生忸怩的情绪。要坦荡、乐观地与异性朋友相处。

拒绝你讨厌的"外号"

青春故事

小玥最近被一件事困扰，自从上次重感冒之后，她哑了的嗓子一直没好，说话声音像鸭子。小玥甚至害怕自己的嗓子以后都好不了，声音会一直这样难听下去。班里同学给她取了个"电音朵拉"的外号，这让小玥心里十分不舒服。看到自己的痛苦被别人拿来开玩笑，小玥想拒绝大家这样称呼自己，却又担心这样拒绝会破坏同学之间的友谊，毕竟同学们也没有什么坏心思，只是觉得好玩。这件小事让小玥很苦恼，不知道该不该拒绝"电音朵拉"这个她讨厌的外号。

问题解读

同学之间总是有很多嬉笑、玩耍时光，大家一起说些玩笑话，互相叫一些奇奇怪怪的"外号"，仿佛是彼此联络感情和表达亲昵的一种方式。然而，进入青春期后，我们的内心多了一丝敏感，会因他人的一句赞美而开心很久，也会因被叫了讨厌的"外号"而默默难过。你是否也有被同学、朋友不经意间起的"外号"，或者玩笑间的嘲讽而伤害的时候呢？你是否也纠结过该不该拒绝这些你讨厌的玩笑呢？

其实，在与人相处时，如果对方的言语、行为让你感到不舒服或者受到伤害，那你一定要勇敢且坚定地说"不"。无论对方是无心之过，还是有意为之，任何事都没有我们自己的感受重要。真正的友谊也不会因你拒绝了对方的玩笑而瓦解。

为什么别人给我起讨厌的"外号"或开玩笑，我无法拒绝呢

1. 害怕失去朋友。担心自己对他人开出的玩笑表示抵触，会导致对方不再和自己做朋友，所以会违心地说服自己，对方只是开玩笑，不要计较。

2. 不想遭到非议。担心自己拒绝同学、朋友之间一些过分的玩笑之后，会收到"小气""玩不起""太较真"的负面评价，影响自己在群体中的印象。

3. 日常缺少尊重。自己的意愿很少被大人尊重，形成了自卑的心理。即使面对他人给自己起"外号"、开过分的玩笑，也没有勇气反抗。

4. 妄自菲薄。觉得自己在群体中并非佼佼者，希望通过对朋友间过分玩笑的忍让，换取对方对自己的好感，这其实是自我贬低的心理在作祟。

青春知识 小链接

如何拒绝他人给自己取讨厌的"外号"或者开过分的玩笑

1. 分辨对方开玩笑的动机，拒绝也不必闹僵。很多时候，青春期的男孩或女孩爱开玩笑，本质上并没有恶意。如果对方只是无心之过，那么我们面带微笑、态度庄重地拒绝对方就好，这样对方感受到我们的礼貌和真诚之后，就会尊重我们的意见，不会再开让我们感到难受的玩笑。

2. 明确且有理地拒绝。如果他人过分的玩笑让我们很不舒服，且对方带有一些恶趣味，是故意针对我们，那就严肃、认真、明确地提出拒绝。要让他人看到我们的底线和原则，让他人知道我们不是逆来顺受的人，对方才会有所收敛，从而重视我们的感受和心情。

3. 用玩笑化解玩笑，委婉表达不满情绪。如果彼此是亲密好友，则我们可以用玩笑的口吻向对方表达不满，让对方换位思考并理解我们的感受。

遭遇校园霸凌怎么办

青春对话

梓涵

"爸爸,我今天做了一件特厉害的事!我们学校有几个高年级同学勒索我们隔壁班同学的零花钱,被我和梓涵撞见且举报了他们,我们还找来老师救了他。"

"那你们很勇敢嘛,为女儿鼓掌!你这次做得对,看到同学被欺负时,就要及时报告老师,让老师来处理。"

梓涵爸爸

梓涵

"我和小玥还特别冷静,一人观察事态动向,另一人去找老师,保留了他们欺负人的证据。"

"有勇有谋!遇到类似的校园霸凌事件时,要先保证自己的安全,再向老师、家长求助,记得保留证据,你俩表现得特别棒!"

梓涵爸爸

问题解读

　　青春期的孩子正处于性格敏感、内心叛逆的阶段,无论是男孩还是女孩的群体中,都有人仗着自己年龄、身高、体能、家世背景等优势来欺负弱小,很多校园恶性暴力事件都是这样酿成的。

　　在面对校园霸凌时,不少孩子会感到害怕和无助,不敢和霸凌者对抗,怕受到对方变本加厉的伤害,又担心求助于老师和家长会遭到批评或收到异样的眼光。

然而，忍让和放纵霸凌者的恶行，才是我们对自己身心最大的伤害。在遭到校园霸凌时，要相信自己不是孤立无援的，在保证自身安全的情况下，勇敢拒绝校园霸凌，因为老师、父母、周围同学，乃至警察和法律，都是我们坚强的后盾，会帮我们摆脱困境。

专家答疑

面对校园霸凌，应该怎么办

1. 勇敢地发声说"不"。在保证自己人身安全的情况下，严肃地拒绝对方，表达自己的诉求。

2. 及时求助，相信父母和老师。遭受校园霸凌时，不要惧怕，要第一时间告诉你的父母，相信父母是你坚强的后盾。不要瞒着老师，因为及时的求助，不是告状，而是勇敢的自救。如果父母和老师对你的求助不够重视，也可以及时报警求助。

3. 爱护同学，拒绝霸凌。你要学会保护自己、爱护同学，同学之间的矛盾有很多解决的办法，用理智的方式解决问题，拒绝暴力。

4. 不做霸凌者、不做被霸凌者，也不做旁观者。除了不欺负别人和拒绝被别人欺负，当发现校园霸凌行为时，你也不要袖手旁观。在确保自身安全的情况下，勇敢为他人发声。你的一句话、一次援手，可能会拯救一个同学。

青春知识 小链接

什么是学生霸凌

学生霸凌是一种较为常见的校园霸凌形式，包括言语霸凌、身体霸凌、社交霸凌、财务霸凌和网络霸凌等行为。

言语霸凌指的是用具有侮辱性的语言霸凌对方，比如辱骂、讥讽、恐吓、嘲笑，取具有侮辱性的绰号，或者用语言刺激、嘲弄他人。

身体霸凌指的是用肢体动作直接攻击被霸凌者，如掌掴、绊倒、掐捏、推搡、踢踹、殴打等，更严重的是持械攻击身体。

社交霸凌指联合他人共同排挤被霸凌者，使被霸凌者被排除在团体之外，故意不让对方加入团体活动或阻碍被霸凌者正常融入社交关系。

财务霸凌指向被霸凌者索要财物，或损害对方财物。比如，抢夺物品、胁迫他人购买物品等。

网络霸凌指的是利用互联网等多元化媒介，通过电子邮件、社交平台、网络聊天等恶意散布具有伤害性、侮辱性、攻击性的言论，伤害被霸凌者的行为。

如果你在日常生活中遇到以上任何一种霸凌情况，都要及时与家长、老师沟通，勇敢应对，拒绝被霸凌，合理、合法地保护自己的权益。

叁

你真的会学习吗

怎么**制订**适合自己的**学习计划**

青春对话

小玥

"班主任说的学习计划,你是怎么制订的?"

"我的目标是进入年级前 10 名,上次考试排第 25 名,数学失分比较多,要想进前 10,我的数学要再提高至少 5 分。我计划以后每天多花费一小时做数学习题和整理错题,先夯实单元重点,再做提高拓展题,每周集中两次找老师请教重要的错题,这样下次考试时,数学应该会有一些提升。"

梓涵

小玥

"果然,你这种学霸和我不一样,你的学习计划居然制订得这么详细。下次考试年级前 10 名一定有你。"

问题解读

  有些学生虽然平时听课很认真,学习的时间不少,内心也有进步的目标,但就是成绩提高缓慢,总是未能达到理想分数,这样的结果其实和努力的关系不大,关键在于没有找准学习方向,对自己的学习缺乏良好的规划。

  回想一下,你是否经常觉得课程内容千头万绪,要学习的东西太多,作业总也做不完,预习和复习也没有效果呢?

  任何学习目标的达成,都需要制订适合自己的有效的学习计划,只有用良好的学习习惯作支撑,才能事半功倍,花更少的时间，获得理想的成绩。

如果你觉得自己学习有些吃力，不知道如何提高，不如试着制订一个精确到每日任务的学习计划，用详细的计划规范自己的学习习惯，让每段时间的学习有目标，有规划，有结果。

专家答疑

我们该如何制订更适合自己的学习计划呢

1. 制订更细化的学习计划，将计划与目标结合。比如，针对自己知识中的薄弱环节，将学习计划与课本、考试相结合，制订每日、每周计划，计划中可以包含每天什么时间，用多久，做多少题等，并根据自己的学习程度进行动态调整。

2. 学习计划的时间要合理，不要盲目拉长学习时间，避免产生厌学情绪。可以将不同科目的学习时间穿插安排，提高自己的学习热情。

3. 长期和短期学习计划相结合，比如，长期计划是每半个月读完一本课外书，短期计划就是每天看几页，用多长时间。只要将艰难的大任务拆分、细化成每日小目标，就很容易完成。

4. 早计划，晚复盘。每天早上用几分钟思考、规划好当天计划做多少题，看哪些书，晚上睡前复盘、思考一天的计划是否都完成了，如果没完成，第二天该如何调整和补救。这样，将每个计划都进行细分并落实，学习效率才能提高。

青春知识 小链接

艾宾浩斯遗忘曲线

德国心理学家艾宾浩斯在研究中发现，人类大脑对新事物的遗忘遵循一定的规律，如果人能够从大脑遗忘曲线中总结和掌握遗忘规律并利用起来，就能轻松地提升记忆力，更快速地记住一些东西。根据艾宾浩斯实验研究结果描绘的大脑遗忘进程曲线，被称为艾宾浩斯遗忘曲线。

艾宾浩斯遗忘曲线指出，人类记忆有三大规律，即遗忘先快后慢，给记忆材料创造前因、后果更易记住，有意义或人们感兴趣、有框架的内容更容易被记住。

我们在学习记忆知识时，要避免死记硬背，尝试遵循人类记忆规律去构建知识之间的联系，能记忆得更快。另外，大家也可以使用艾宾浩斯遗忘曲线，在固定的时间节点复习功课、背单词，给自己的学习记忆做个小规划，也能事半功倍。

根据艾宾浩斯遗忘曲线制定复习的时间节点：

第1~8个记忆周期分别为：5分钟—30分钟—12小时—1天—2天—4天—7天—15天。

在每个记忆周期复习功课，或者记忆单词，都有助于提高学习效率。

理科真是女孩的"天敌"吗

青春对话

"你最喜欢星期几的课？"
梓涵

小玥 "我最喜欢星期五，因为没有数学课。"

"啊？数学课多有趣啊，数学老师课堂气氛活泼，对咱们也和善，回答不出问题时也不会挨训。"
梓涵

小玥 "可是我觉得自己和数学以及其他理科科目八字不合，我听课时特别吃力。"

"你这是偏科，对理科有畏难情绪了。别信他们说的关于女孩不适合学理科的话，你越害怕理科，越觉得自己不适合学理科，成绩就会越差。不要给自己贴这类标签。"
梓涵

问题解读

很多女孩可能都听过这样一种说法，女孩的逻辑思维能力有限，不适合学理科，更擅长学文科，而男孩思维更有逻辑性，理科成绩会更好。不少女孩在接触理科课程并出现学习障碍时，也常常用这种错误认知安慰自己，觉得因为自己是女生，所以理科学得差一些也无可厚非。

然而，这是一种非常危险的论断，即先给自己贴上"女生不擅长理科"的标签，选择性地忽视自己偏科的问题。而这种偏科意识得不到修正，就会明显影响我们的成绩。

实际上，人的智力水平并不会因性别不同而产生明显的差异。我们不要在潜意识里就否定自己学习理科的能力，以免从心底产生抵触心理。

专家答疑？

理科成绩不好，偏科情况严重该如何解决

1. 摆正心态，要有纠正偏科的决心，不被固有的、错误的"女生不适合理科"的观念束缚，给自己学好理科的自信。

2. 发现问题，有计划地逐个击破。要提高理科成绩，不要盲目地去学，先从基础入手，扎根教材，总结自己的薄弱知识点在哪里，再针对薄弱知识点进行专项练习，给自己更多耐心。

3. 理科课堂主动发言，实验课多多动手。在理科的学习中有很多需要实践和实验的内容，要多发言，多动手，培养自己对理科的兴趣，从中发现学习理科的快乐。

4. 多和老师沟通、交流，老师是最了解学生学习情况的人，因此你遇到学习的困惑时不要回避，要积极地寻求老师的帮助，让老师给你一些实用的学习建议。

青春知识 小链接

人类历史上杰出的女性科学家

我们一定要摒弃男生更擅长理科,而理科则是女孩"天敌"这类错误的观念。事实上,在世界科学历史的长河中,有众多杰出的女性科学家,她们拥有卓越的理科天赋,并在不同科学研究领域做出过巨大贡献。

希帕蒂娅——世界第一位女性数学家,她曾纠正六百多年前《几何原本》著作中的错误,并独立完成《天文准则》等科学著作。

莉泽·迈特纳——原子弹之母,主攻研究放射性物质的物理学家。

阿达·洛芙莱斯——世界上第一个计算机程序员,美国国防部将其名字命名为 Ada 编程语言。

居里夫人——发现镭和钋元素,并率先将放射性同位素用于治疗癌症。

屠呦呦——著名药学家,发现青蒿素和双氢青蒿素,获得 2015 年的诺贝尔生理学或医学奖。

这些杰出的女性科学家都在数学、物理、计算机学、药学等理科科学研究中取得耀眼成绩。由此可见,性别从来不是限制我们学习和发展的因素,要相信自己,只要你愿意投入时间和精力学习,就能获得进步。

为什么记很多笔记还是学不好

青春对话

小玥

"梓涵,你的数学笔记借我看一下,刚才老师讲得太快,我根本跟不上,导致笔记没记全。"

"好,给你,我都记全了。"

梓涵

小玥

"哇!你的笔记怎么记得这么简洁,回家能看懂吗?"

"笔记上只记录重点和方法就行了,记太多反而影响听课效率。回家就算复习看笔记,也没有课堂听讲效果好。"

梓涵

小玥

"你说得对,我就是因为课上都在忙着抄笔记,所以我根本没顾上听老师讲了什么。我以后要向你学习,可不能在课上当'记录员'了。"

问题解读

俗话说:"好记性不如烂笔头。"很多学生对这个说法深信不疑,习惯在记录课堂笔记时事无巨细地都抄下来,觉得记在笔记上就相当于学过了,很多学生还会用各种颜色的荧光笔,将课堂笔记标记、誊抄、勾画得清晰而美观。其实,这样精美的课堂笔记很容易让我们在学习时走进误区。比如,笔记贪多、贪全,却不求甚解,到最后产生的结果就是,笔记虽然记了很多，但头脑没有跟上老师的思路，根本没有听懂课程内容，只是机械地抄笔记，做的多是无用功。

要知道，课堂笔记只是一种辅助学习的方式，并不是学习的根本目的，精美、全面的课堂笔记并不能证明听课的效果。课堂上还是要以跟着老师的思路去听、去想、去思考为主，切忌盲目抄写笔记。学习千万不要只做出努力的样子，结果和过程同样重要，记笔记也要方法得当，分清主次才能使学习效率加倍。

专家答疑

如何记录课堂笔记更有助于理解消化课上的知识

1. 课本批注和笔记本记录相结合。遇到课本上有的重难点知识，可以直接在课本上标注、画重点，或加批注。老师展开分析的内容再记录在笔记本上，且不要照搬、全抄，主要记录分析思路和解题关键。

2. 课堂笔记要详略得当，不要面面俱到。对于难度低、非重点的知识，不需要记录；对于老师强调的重难点知识，再记录。也可以边记笔记边整理课堂大纲，用提纲的方式记录总结，便于复习和回顾。

3. 以听课思路为主，记笔记为辅。如果记录笔记时没跟上，不要纠结没抄完的内容，要迅速地跟上老师的思路，专注新课堂内容，课后再根据理解与需要补充没记完的笔记。

4. 不同科目分不同笔记本记录，按照学科、单元、章节，条理清晰地记录，记框架填充细节，记基础标注疑点，保持思路明确的记录原则。

青春知识 小链接

课堂笔记整理四步法

课堂笔记不要一抄完就束之高阁，只有用起来才能发挥笔记的作用。下面给大家提供一套笔记整理四步法，帮你课后整理全笔记，使笔记作用最大化。

1. 回忆。课后抓紧时间跟着笔记、对照课本，回忆课上的内容，在脑子里复盘一遍课堂所讲的内容，遇有遗忘时再借同学笔记查看。

2. 补充。课堂笔记速记，可以用图形、符号、字母等代替文字，简略记录。课后可以回忆补充，及时修补这些缩写内容。

3. 分编。课后复习时，可以用不同颜色的笔勾画笔记，区分重点，重新梳理笔记的逻辑，这也是对课堂内容的查漏补缺。建议勾画笔记的彩笔颜色不超过三种。

4. 取舍。课后借同学笔记补充时，不要单纯地誊抄，要融合自己的思路和想法对笔记内容进行取舍和归纳总结，这样才能发挥笔记的最大效用。

为什么会听不会做，课后记不住

班主任
"我发现最近有些同学上课虽然瞪大眼睛在听,且不住地点头,但课后作业总是写不对,这是为什么呢?"

"因为听得不走心,没动脑思考。"
梓涵

班主任
"梓涵说得对!这些同学上课虽然跟着老师听讲了,但老师说什么,他们就听什么,并没跟着思考、分析,对基础知识掌握得也不牢固,才会出现课后记不住的情况。听课不是看热闹,思维一定要跟着老师动起来,真正去理解、运用和练习,才能做到既听又会做。"

问题解读

　　一听就会、一做就错,课上听得懂、课后记不住,想必这是很多学生都有过的困扰。明明上课听老师讲得很明白,为什么课后作业稍微转变一下题型,替换一下数字,我们就不会了呢?

　　这其实是知识的消化、吸收没做好。学习不是一蹴而就的,任何新知识的传递,都需要经历学习、吸收、运用这几个环节。听得懂并不代表我们能做题,对老师讲的内容如果不能真正地理解,那么光靠记忆是很难将知识内化的。

所以，在听懂课的基础上，我们课后一定要结合课本的基础知识，对老师讲过的内容再思考几遍，再在做习题时运用学过的知识点，才能吃透老师讲的内容。

专家答疑

为什么会一听就会，一做就错呢

1. 上课听得懂，是指跟着老师的思路，从已知结果推导出整体思路，是被动灌输，其中并不涉及探索自己的思路，因为缺乏主动思考和运用的环节，所以算不上真正理解了。

2. 能做简单的课后习题，更多是一种模仿能力。题目稍有改变就不会，说明需要提升知识迁移能力和知识运用能力。

3. 对基础知识理解得不透彻。很多学生对基础知识、概念、公式等内容只是简单地记忆，所以根本不会运用这些知识。

4. 缺乏分析能力和清晰的思路。听课时，关注的是具体的解题步骤，而不是解题思路，等自己做题时缺乏框架思路，容易纠结、思维卡顿在一个点上，难以解决题目。

青春知识 小链接

如何解决一听就会，一做就错的问题

1. 及时复习，重视基础知识。课后自主梳理老师讲的基础点，理解消化，多思考分析。

2. 关注解题思路和技巧。听课的重点是听思路，不纠结于具体步骤，多学习不同题型的解题方式，开阔解题思路。

3. 多做练习，不能马虎。马虎是一种对知识掌握得不扎实的表现，不要忽视这一点。结合课堂基础，课后多做相似和变形的练习题，加深对基础知识的理解和运用。

4. 多和同学讨论问题，要吸取他人听课和解题的经验，不要自己钻牛角尖地做题，要在讨论交流中把基础知识掌握牢固，开阔思路。

你会给自己积极的 **学习暗示** 吗

青春对话

"这次考试，很多同学成绩之所以考得不理想，我认为并不是因为题目难，而是因为一些同学看到题目陌生就开始慌张了，没能静下心来仔细思考。但梓涵同学就不一样，她每次考试成绩都很稳定，下面让她给大家传授一下经验吧！"

班主任

"就像老师说的，很多时候考得差并不是因为题难或者不会，而是因为我们在考场上慌张了。刚一看题目就担心自己做不出来，自然不能静心思考。我建议大家考试看见难题时先别慌张，在内心暗示自己能做出来，一定没问题！这样镇定下来，冷静分析之后，很多题目还是可以做出来的。"

梓涵

问题解读

相信很多学生在学习中都有过倦怠情绪和消极思想，拿出作业时先犯难，觉得作业太多，发愁什么时候能写完；拿到试卷时先害怕，担心有陌生的题目，自己答不出。甚至一些学生只要遇到考试就紧张、焦虑，难以发挥出平时学习的水平。这些表现都是消极心理在作祟。

我们不要小看心理暗示的作用，消极心理能毁掉一个人，积极心理却能成就一个人。往往你相信什么，就能够获得什么。

所以，在学习中，我们也要给自己积极的心理暗示，相信自己能行、能做对、能学好，那么潜意识会驱动你发挥学习潜能，自然能创造令你意想不到的学习奇迹。

专家答疑

如何将积极的心理暗示运用到学习中

1. 用简洁的语言暗示。语言是最直接有效的心理暗示，学习中对自己的积极心理暗示要内容可信，并注意不能太啰唆，要便于自己用心学习时重复提醒。

2. 行为暗示比语言暗示更有效，一种动作，一种表情，都能成为学习中对自己积极暗示的力量，如握拳、鼓掌等。

3. 想象暗示，比如，可以在脑海中构建出学习进步、目标达成时的场景，在学习中感到烦闷、厌倦时，在脑海中重复这类场景，深呼吸并在心中默念："我有能力学好"，这会更容易让你振奋精神，投入学习。

4. 环境自我暗示，改变日常环境，营造更浓厚的学习氛围。比如，将自己钟爱的作家作品摆在书桌上，鼓励自己"见贤思齐"，努力学习。

青春知识 小链接

**给自己积极的心理暗示，
让学习生活充满正能量的方法**

1. 每天学习前给自己一个微笑，这样能让自己觉得快乐。微笑会驱散你生活中的烦闷和焦虑，让你变得更自信。

2. 设计一个能够鼓励自己学习的口头禅，比如："你可以的""你真棒""必胜"等。日常多和自己说这些口头禅，就能从中获得积极的心理暗示。

3. 每天总结自己在学习上的收获，给自己以肯定。这样做，第二天学习时会更精神饱满。

4. 将行为和积极情绪建立起关系，比如，你喜欢吃巧克力，学习前可奖励自己吃块巧克力，就会心情很好。每当这样做时，不仅能获得学习上的好心情，还能更有力量地坚持学习。

学习成绩
要靠时间累积吗

青春故事

小玥很想努力提高数学成绩，希望能像梓涵一样考试名列前茅。她明白勤能补拙的道理，认为自己数学成绩不好是因为学习不够努力，用来学数学的时间不够多。于是，她开始每天起早贪黑地背知识点、做数学题。然而，让小玥感到意外的是，在接下来的月考中，自己的数学成绩不升反降，连带着其他学科的成绩也都略有下降。这令小玥十分不解，明明自己已经很努力了，为什么还是这样的结果呢？难道勤能补拙是假的，多花时间学习也没有用吗？

问题解读

很多学生在升入高年级之后都可能遇到过类似的困惑，明明自己已经很努力了，节省吃饭、睡觉、玩耍的时间学习，为什么成绩还是难以提高呢？自己学得身心俱疲，为什么从成绩上看不到什么回报呢？

虽然，勤能补拙是有道理的，但这部分学生忽视了一件重要的事，那就是学习效率问题。请反思一下，你熬夜做题是针对问题进行练习，还是在消磨时间感动自己呢？你在课后花了更多时间苦苦地做题，但是对于课堂上老师讲课的内容，你有全部吸收吗？

我们要知道，学习最关键的不是你用了多少时间，而是你的效率如何。保持敏捷、清醒的头脑，高效地完成学习内容，远比昏昏欲睡地花时间做题更有效果。

专家答疑

如何提高学习效率呢

1. 劳逸结合，保证每天八小时充足的睡眠。充足的睡眠有助于提高记忆力，保持头脑的灵活，使我们听课时更高效、专注。

2. 集中精力，避免注意力分散。痛快玩，专心学。学习时要摒除杂念，不想与学习无关的事情。全身心地投入学习，才能用最少的时间获得最大的进步。

3. 不要总在相同的环境或氛围下学习。科学研究表明，学习环境的变化能刺激大脑不同区域的神经元，提高知识的吸收量。适当的变化，如新的笔记本，不同颜色的笔，都能让我们的大脑更为活跃，学习的效率也会提高。

4. 化整为零的学习，可以将学习内容碎片化，这样便于分配时间，提高学习效率。

费曼学习法

费曼学习方法是由美国加州理工学院物理学家理查德·菲利普斯·费曼提出的,这一方法被认为是很高效的,值得我们尝试。

费曼学习法一共分四个步骤。

1. 选择学习目标或者知识点,先完全理解。

2. 假设自己是老师,将你理解掌握的知识讲给他人听。能否简单明了地讲解,复述时是否"卡顿"或有错漏内容,以此来验证自己对知识的掌握程度。

3. 结合自己的讲述来纠正错误,回归书本,再度夯实知识,直到你能滚瓜烂熟地复述。

4. 及时总结,梳理思路,用简洁、精准的语言复述你学习的内容。

费曼学习法,其实就是将自己当成老师,一个知识点如果你能从容、准确地讲给人听,并让人听懂,说明你已经完全掌握这个知识点了,说明这样的学习方法有效。

肆

如何对待虚拟世界的诱惑

我爱追星，有错吗

青春对话

梓涵妈妈：

"作为学生,你现在如果不用功学习,将来似乎很难有好的未来哦。"

"妈妈,您说得不对。我的偶像虽然只有高中学历,但他依然取得了成功,成了众人瞩目的大明星,生活过得比很多人都精彩。"

梓涵

梓涵妈妈

"你要知道,每个人的成功都是不可复制的,你的偶像或许有着独特的天赋和机遇,但这并不代表每个人都能像他一样。学习可以拓宽你的视野,提升你的素养,让你在未来的生活中有更多的选择和可能性。"

"我明白了。虽然我很崇拜我的偶像,但也不能否认学习的重要性。我会努力的。"

梓涵

问题解读

相信很多女孩都有过追星的经历,那么,你的偶像是什么样的人呢?你从自己的偶像身上获得过哪些力量呢?

也许,在一部分家长和老师的固有观念中,总觉得追星会耽误孩子的学习,会让我们的内心变得浮躁,于是反对我们追星。而在这些反对的声音中,你是否也常常会产生疑问:追星

091

到底有错吗？

其实，任何事情的好坏都不能一概而论，需要辩证地看待。如果追星能让你找到了成长的目标，学习偶像身上的优点，增强了学习的动力，那你的追星就是一件好事；如果你不能很好地控制自己的思想和行为，沉迷于追星，荒废学业，每天浪费时间在追逐偶像的八卦上，那你的追星就是一件坏事。

所以，追星这件事是一把双刃剑，对错在于你的行动和选择。如果你能让追星成为自己进步的动力，那么相信父母、老师也不会反对。

专家答疑

女孩追星要坚守哪些底线和原则呢

青春期的很多女孩选择用追星来寄托情感，并不是一件坏事，但追星要有度，不可盲目跟风。我们在追星时，也要坚守底线和原则，才能让追星这件事带给自己正能量。

1. 追星要有深度，选择积极向上的明星，不要只局限于肤浅的外表。好看的外表固然令人赏心悦目，但对一个人长久的崇拜和喜欢，一定是基于对方的内在品质。我们要明白偶像的真正含义，不要仅欣赏偶像的外表，而要学会欣赏和学习偶像身上的优秀品质，让追星成为激励自己变得更好的动力。

2. 追星要适度，不要沉迷于追星，不顾学业和生活。追星只是生活中的调味剂，切不可让追星干扰你的正常学习与成长。相信你的偶像也一定希望你能努力学习，不断提升自己，成为更好的人。

3. 追星也要遵纪守法。不要为了追星去做一些违法犯罪的事，如窥探偶像隐私、跟踪偶像、网暴他人等，要冷静、理智地追星。

青春知识 小链接

追星小提示

1. 选择健康向上的偶像，学习他们身上的优点。

2. 追星不盲从，作为学生不学偶像染发、烫发、文身、美甲，不攀比穿戴偶像同款奢侈品。

3. 合理安排时间，将学习放在第一位，不让追星影响自己的学业。

4. 不让追星影响个人情绪，避免加入偶像粉丝之间的网络骂战，投入情感要理性。

5. 将科学家和各个行业的杰出人物作为偶像，要放宽眼界，去效仿更值得崇拜的人。

沉迷网络小说怎么办

青春故事

数学老师发现小玥最近总是在课堂上打瞌睡，便将小玥叫到办公室询问："你最近上课总是打瞌睡，到底是怎么回事？你每天晚上都干什么了？"

小玥哪敢说自己熬夜看小说，只好支支吾吾地说是因为数学作业不会，熬夜做得太晚才白天打瞌睡的。数学老师没有批评小玥，只是告诉她有疑问可以随时问，不要自己闷头学习，以免白费功夫。小玥因说谎而觉得很惭愧，但同时她又开始担心，自己是不是沉迷网络小说上瘾了呢？

问题解读

处于青春期的你，是否也喜欢看网络小说呢？你是否因好奇小说剧情的后续发展而曾经熬夜追文呢？又是否在第二天上课时还心心念念地回忆昨晚看过的小说情节，想赶快知道后续呢？你回家的第一时间，有没有抱着手机赶紧看更新内容呢？

如果你有上述表现，那就说明你已经沉迷网络小说，看网文上瘾了。如果你还不及时纠正，那么接下来你将可能面临精神不济、注意力不集中、成绩下降等一系列问题。

网络小说中的世界固然精彩，但现实生活中，你才是女主角。不要因小说中虚构的情节而忽视自己真实的生活。只有从网络小说中抽身出来，你才会发现，你的努力能创造更精彩的人生。你的真实人生充满无限可能，又为什么要沉迷虚幻的网络小说呢？

专家答疑

沉迷网络小说会有哪些危害

1. 影响正常生活。网络小说给女孩营造了一个充满想象的虚幻世界，在阅读中我们虽然可以获得快乐，但沉迷网络小说，甚至在吃饭、睡觉、上课时看，就会干扰正常的生活。

2. 导致精神恍惚、神经衰弱。很多女孩喜欢熬夜看网络小说，这不但伤害视力，还会导致睡眠不足，第二天精神不济，上课难以集中精力等，甚至会因上课不能继续看小说而觉得非常难受。

3. 影响成绩，并降低自控力。长期沉迷网络小说，很容易让处于青春期的我们出现逆反、暴躁、情绪波动大等问题，影响日常的学习和生活。更可怕的是，一旦沉迷网络小说，往往会失去自控力，难以将注意力放在学习上。

青春知识 小链接

"戒掉"看网络小说上瘾的方法

1．主动远离手机或删除所有网络小说，给自己创造远离网络小说的环境。

2．转移注意力，尽量不去想网络小说的情节，用心学习，参加运动、看纪录片等健康有益的活动。

3．不断暗示自己要戒掉网络小说，并从阅读传统文学作品中获得阅读与学习的快乐。

4．区分网络小说中的虚拟世界和真实世界，清楚地认识到网络小说都是虚构的，要远离虚假的网络，积极地去认识现实社会，探索真实的世界。

恋爱手游有害吗

青春对话

"小玥,我给你推荐一款新出的恋爱手游,特别好玩。游戏中我作为女主,跟几位男主之间展开了轰轰烈烈的恋爱。"
梓涵

小玥 "嘿!姐妹,醒醒!对方又不是真人,你这么激动干什么?而且,玩儿这种恋爱剧情的游戏,不太好吧?"

"这有什么不好的,我又不是真谈恋爱,只是虚拟游戏而已,又不会有什么影响和麻烦。"

梓涵

小玥 "我觉得这类恋爱手游不适合我们这个年龄的孩子玩。"

问题解读

据部分玩过恋爱手游的女孩反馈,因为在现实中大人不允许自己早恋,所以自己才在游戏世界里,和虚拟人物展开一场浪漫的恋爱,只是个游戏而已,又有什么大不了呢?

其实,这种认知是不良的。虽然,游戏是虚幻的,但是我们的情感、思想、心情都是真实的,虽然恋爱手游不会在三次元对我们造成肉眼可见的直接伤害,但是这些游戏会影响我们的情绪,让我们的心情受到影响,或在婚恋观念方面受到影响,最重要的是我们很可能一不小心就泥足深陷,沉迷虚拟的快乐,

099

而不愿走出游戏的世界。所以，我们一定要注意恋爱手游带来的负面影响，以免耽误学业。

为什么我会沉迷于恋爱手游

1. 青春期女孩生理及心理发育的一种表现。进入青春期后，女孩由于第二性征的发育，会开始对异性产生好奇心理，且产生与异性接触和早恋的冲动。于是，恋爱手游就成了一些女孩的一种情感寄托。

2. 女孩往往情感更为细腻，喜欢浪漫而动人的事物。恋爱手游里的虚拟人物多是针对女孩心理进行设计的，在人设、性格、剧情等方面都更符合女孩细腻浪漫的情感需求，因此更易受女孩青睐。

3. 从众与好奇心理在作祟。近几年恋爱手游逐渐成为一种时尚，处于青春期的女孩有追赶潮流、引领潮流的心理，更容易把玩恋爱手游看成一种在朋友之间的谈资，在从众、攀比、好奇等多重心理作用下，部分女孩更容易沉迷于这类游戏。

青春知识 小链接

戒掉恋爱手游游戏的方法

1. 从经典名著中了解爱情，建立正确的婚恋观念。青春期女孩对爱情怀有憧憬是正常的，但不要从游戏中获得，平时可以多阅读一些文学名著，从经典作品中汲取正确的恋爱观，满足自己对恋爱的憧憬心理。

2. 多参加户外活动，打开心扉，不沉迷于虚拟世界。可以多参加一些班级集体团建、郊游等活动，和周围的男生建立友谊，使自己更多地体验真实世界中异性朋友健康交流、互帮互助的快乐。

3. 主动卸载游戏，把精力转回到学习和生活中，加强自身的自制力，坚定地拒绝对自己成长和身心健康无益的游戏内容。

网友约我见面，要去吗

青春对话

小玥

小玥:"我在网上认识了两年的网友约我见面,你觉得我应该去吗?"

梓涵:"虽然你们认识两年也不算短,但谁知道他是不是骗子,所以你还是别去了吧。"

梓涵

小玥

小玥:"可我们很谈得来,我不想失去这个朋友。"

班主任:"小玥,见网友可不安全,现在科技这么发达,各种网上信息都能造假,线下见面很危险。"

班主任

小玥

小玥:"谢谢老师,您说得对。万一他是坏人就麻烦了,我决定不去了。"

问题解读

青春期的女孩往往都有自己独立的想法,对于很多心事,我们不想和父母、老师说,甚至不想和身边的闺蜜说,只愿在网络上找陌生的网友来吐露心声。

但我们要知道,网络具有虚构性。网线那端跟我们相谈甚欢的人,有可能是个同龄人,也有可能是个中年大叔。而网络上的倾诉和线下见面也是两回事,能在网络上做朋友的人,未必能在现实生活中做朋友。

对于涉世未深的青春期女孩而言，同陌生网友见面是一件比较危险的事，因为我们不知道自己在网络上认识的究竟是好人还是坏人。万一对方居心不良，那么见面后果则不堪设想。所以，为了自己的安全考虑，还是不要轻易见网友。

专家答疑？

与网友聊天时要注意什么

1. 保持警惕之心。相比成人而言，和网友交流对年少的我们来说更危险。我们要时刻保持警惕心，不要轻易告诉网友自己的真实姓名、联系方式、家庭住址、家中情况等。

2. 尽量不约线下见面。即使是交流很长时间的网友，也要保持谨慎，不要完全相信对方，出于安全考虑，尽量不和对方约线下见面。

3. 遇不法之徒，要及时寻求帮助。如果遇到网友给你发不雅视频、暧昧信息、不道德或违法文件等，不要害怕，不传播、不观看即可。如果你持续受到网友的骚扰，则可以告知父母或报警求助。

4. 理性区分网络和现实。尽量区分网络和现实，不要让网络上认识的人影响你的现实生活。

青春知识 小链接

网友约见面，保护自己必做的准备

青春期阶段的我们心智尚不成熟，出于自我保护，最好不要与网友约见面。但随着网络生活越来越丰富，线上与线下社交的联动，某些时候还是很难完全避免的。在一定要和网友见面时，我们可以做好以下五方面的准备。

1. 见面之前，确认你和网友之间建立了足够的信任。

2. 充分了解对方身份背景，做好见面前核实对方身份的工作。

3. 告知朋友、家人自己的计划、去向，并让家长陪同前往。如果你担心家长的参与会影响氛围，可以请家长在不远处等候。

4. 选择你熟悉且人多的公共场合见面，不去你不认识的、偏僻的地方见面。

5. 不吃喝陌生网友给的食物和水。这并不是一种不信任或者敌意的表现，而是一种自我保护的意识。避免因为一时的疏忽给自己带来不必要的风险。

学当"网红"好不好

青春故事

小玥因为连续几次考试成绩都不理想，逐渐有些自暴自弃，不想学习了。最近她沉迷于看"网红"直播，认为凭借自己的颜值和口才，学那些"网红"的时尚穿搭和直播话术，也能做好直播，说不定自己以后赚的钱是大学毕业生赚的几百倍。但这可愁坏了小玥的父母，他们很担心小玥误入歧途，请班主任和梓涵努力劝小玥将心思放在学习上。

面对众人的劝说，小玥有些迷茫，既然好好学习的目的是以后有好工作，那她学当"网红"，努力做直播，也会有前途啊，为什么大人不支持呢？

问题解读

你是否也有过这样的感受，在短视频平台上，我们看到那些"网红"，她们通常妆容精致，各具特色，只要在屏幕前说说话、唱唱歌，就能收获赞美和打赏，看起来轻而易举，令人羡慕。甚至你觉得如果自己不是学习这块料，以后做直播，当"网红"也挺好的。

人生的确不止学习这一条出路，但努力学习一定是最正确的。今天我们能看到的是"网红"时尚、光鲜的外表，看不到的却是她们背后的辛苦和失败。

人生在世，在什么年龄，培养什么能力，就做相应的事情。

在当下，我们与其怀揣成为"网红"的梦，不如将心思放在学习上，努力充实自己，为以后立足社会创造条件。

专家答疑

为什么不建议青春期女孩学做"网红"

处于青春期的女孩对"网红"表面光鲜、亮丽的生活产生羡慕情绪是可以理解的，但无论是"网红"行为，还是"网红"文化，都不适合青春期的我们学习。究其原因，网红产业的背后，存在着错综复杂的包装、营销机制，青春期的我们心智尚未成熟，很难分辨其中的真假是非。

1. 追逐"网红"文化，让青春期的女孩总想放弃努力，企图能不劳而获。一旦被"网红"文化蒙蔽双眼，我们就容易片面地认为成功和梦想都能通过当网红而轻易实现。这种思想容易让我们产生不切实际的幻想。

2. 对"网红"文化的追捧，会花费大量时间，并让我们内心感到空虚。因为在看这些"网红"直播时，我们几乎收获不到任何有价值的、对成长有利的知识，但我们的时间和精力被耗尽了。

3. 对"网红"的模仿容易扭曲我们的价值观和审美观。青春期正是三观塑造的关键时期，如果我们过多地关注和追捧"网红"包装出来博人眼球的所谓时尚和流量价值观，就不利于我们健全人格的塑造。

青春知识 小链接

信息茧房

当你以为每天在手机上浏览的信息都是自己主动的选择时，却没意识到，你看到的一切都是大数据计算好推送到你面前，想让你看到的。

美国哈佛大学教授凯斯·桑斯坦提出的"信息茧房"这一概念，指的是人们的信息领域会习惯性地被自己的兴趣引导，在这样的引导下，每个人自己的生活被桎梏在像茧一样的"茧房"中。

信息技术发展到今天，大数据和算法的精准推送，已经让越来越多的人明显感觉到自己身陷信息茧房中。更令人担心的是，你所在的信息茧房可能不是根据你自己的偏好而定制的茧房，而完全是商家、平台设计过后，希望你看到的。

所以，青春期的女孩不要追逐"网红"生活或沉迷于刷短视频，因为你看到的也许只是一些精心设计包装的"广告"，并没有多少实用价值，所以要将这有限的青春时光投入学习中，才更有价值。

她们的"朋友圈"好精彩

青春故事

最近梓涵在学习上表现得心浮气躁的,完全静不下心来。全是因为前几天她刷朋友圈,看到几个儿时的玩伴纷纷发了精彩的朋友圈,天南海北过暑假,吃喝玩乐好精彩,只有自己暑假一直在上课、写作业、阅读之间来回切换。和朋友们一对比,梓涵立刻感觉整个人都变得十分浮躁,完全失去了学习的定力。这种情绪令梓涵很痛苦,一方面她觉得坚持学习是对的,另一方面她的心又像"长草"了一样,根本平静不下来。

问题解读

如今的孩子都是伴随着互联网长大的。我们足不出户就能看到大千世界,一部手机就能联通彼此的生活,每天海量的互联网信息使我们眼花缭乱,也越来越难以平静内心和保持学习的专注力。

看着别人朋友圈丰富多彩的生活,你是否也有过羡慕或嫉妒的心情呢?网络诱惑是否时常在你脑海中闪现而放松学习呢?

出现这种情况其实是正常的。在精彩的网络世界和他人潇洒生活的对比下,我们都会本能地变得心浮气躁,很难抵挡外界的诱惑,想要追逐更丰富的生活。但是,我们要明白,只有

111

今天沉下心学习，明天才有真正获得幸福的能力。

真实美好的人生是靠我们自己努力创造的。因此踏实学习，相信功夫不负有心人，你现在的辛勤付出，是你以后人生精彩的基础。

专家答疑

面对外界信息的干扰，如何才能克服浮躁的心理呢

1. 减少上网浏览时间，避免冗余信息对自己意志力的干扰，从根源上克服心浮气躁的心态。

2. 设立明确的目标和志向，将目标拆解成可执行的具体计划，让自己充实起来，减少胡思乱想的时间。

3. 学会自我心理调节，保持积极、健康的心理状态，对他人的美好持欣赏的态度，不要被羡慕或嫉妒蒙蔽双眼，克服过度关注他人生活和爱攀比的不良心理。

4. 将羡慕之心转化为动力，当受到网络信息刺激和干扰时，在对他人产生羡慕之情的时候，可以努力将这种情感转化为激励自我提升的动力。

青春知识 小链接

鸭子定律

　　心理学中有个"鸭子定律",说的是:鸭子悠闲、安逸地在水面上游动,其实在我们看不到的水下,鸭子的脚蹼在努力地划水,一刻也不敢停歇。

　　生活中,我们也经常羡慕他人,觉得他人毫不费力就能拥有成功和光鲜的人生。但我们要知道,所有人前的风光,都是靠背后默默付出的努力和辛苦换来的。并且,我们羡慕着他人的生活,有可能他人也在羡慕着我们。

　　亲爱的女孩,当你发觉别人的"朋友圈"很精彩的时候,别忘了"鸭子定律"。要相信,所有值得艳羡的成功,都有背后的发力。不必羡慕他人,只要努力,你也可以创造属于自己的精彩。

伍

女孩的私密话题,你了解吗

为什么会来"大姨妈"

青春故事

梓涵的月经初潮在初一上学期的一个早上突然到来。发现内裤上莫名出现的血迹，梓涵吓坏了。她在卫生间里哭着向妈妈求助，并难过地问妈妈，"这是怎么了？是不是得什么绝症了？"

妈妈耐心地告诉梓涵，说她这是来月经了，说明梓涵要成为大人了。之后妈妈又给梓涵科普了月经知识以及卫生巾的正确使用方法。

梓涵一边惊讶地听妈妈讲这些知识，一边想起班级里一些女同学口中说的"大姨妈"，原来只是虚惊一场，自己并非得了什么绝症，只是来了"大姨妈"而已。

问题解读

在女孩长大成人的过程中，即使身边有父母、老师、同学和朋友等很多人陪伴和支持，但仍然有很多生理和心理上的变化，是女孩始料未及，充满疑惑，且不知道该如何去处理的，月经就是其中之一。

生活中，很多女孩不好意思直接说"月经"这个词，大家喜欢隐晦而亲切地将月经称为"大姨妈""好朋友""来事"等。在很多青春期女孩的心中，对自己来"月经"这件事抱有一些害羞和难为情的情绪，一方面是对身体突然变化的担忧和不适应，另一方面是不好意思让周围人知道自己来月经了。

其实，月经是女孩身体生殖功能成熟的一个重要标志，是女孩长大成人的必经之路。月经的每月到访，是身体成熟后，女孩的子宫内膜周期性脱落和出血的一种正常生理现象，因此，女孩既无须害羞，也不必担心。正确地看待月经，掌握经期生理健康知识，来月经不要紧张，它只是女孩每月需要遇到的一位寻常"亲戚"。

专家答疑

月经是如何产生的？有什么规律吗？月经期间要注意什么

1. 月经的产生：月经是由下丘脑、垂体、卵巢三者产生的生殖激素之间相互作用来进行调节的。在雌激素的作用下，子宫内膜产生增生性变化，同时女孩身体开始排卵，之后黄体分泌雌激素和孕激素，这两种激素使子宫内膜进入分泌期，这时如果卵子不与精子结合，没有怀孕，则黄体萎缩，体内激素水平下降，子宫内膜失去激素支持，则剥落、出血，即产生月经。

2. 月经的规律：我们将第一次月经的到来称为月经初潮，月经初潮后，女孩将每个月经历一次月经。月经具有周期性，一般21~35天一个周期都属于正常，月经平均周期为28天。一般每次月经持续2~8天都为正常。长期不规律，则需要告诉家长，就医检查。

3. 月经的注意事项：女孩应注意记录自己的月经周期，观察月经的变化，通过月经周期、月经量等症状及时了解自己的身体状况。经期要注意休息，一旦长期出现月经紊乱、周期不准、月经量异常、身体不适时，应及时向父母求助，向妇科医生咨询，切勿隐瞒症状或随意服药。

青春知识 小链接

使用卫生巾的注意事项

很多女孩月经初潮后虽然在家长的指导下已经会使用卫生巾了，但关于卫生巾使用的一些健康小常识还经常被忽略，下面总结一些注意事项，供女孩参考。

1. 拆开卫生巾前要做好手部清洁。我们的手经常到处触摸，携带较多细菌，而拆封、打开、抚平、粘贴卫生巾的过程，手会接触卫生巾的表面。所以，更换卫生巾前要清洁双手。

2. 卫生巾要定时更换。最好不超过两个小时更换一次卫生巾，月经量多时，更要勤更换。

3. 选择适合自己的卫生巾。卫生巾一般分为纯棉网面、干爽网面等不同材质，如果你觉得自己更换卫生巾比较勤，但私处还是感觉不适，可能是因选择的卫生巾材质或品牌不合适而出现过敏现象了，可以换一种材质或品牌试一试。尤其是一些含有药物的卫生巾，女孩要谨慎使用。

"任性"到访的"大姨妈"

完蛋啦！"大姨妈"怎么突然到访了！

青春对话

小玥

"梓涵!你带卫生巾了吗?我忽然来'大姨妈'了!"

"带了!别怕,等我给你拿。不过,你平时就要记好月经周期,提前做好准备。"

梓涵

小玥

"唉……别提了,不知道为什么,最近'大姨妈'总是不规律,今天又是突然到访。"

"原来如此,你也别太担心。我听我妈妈说,青春期女孩的月经周期不规律比较常见,过几年就会好的。我看过相关的科普文章,等我一会儿分享给你。"

梓涵

问题解读

"大姨妈"的不规律到访,会令青春期的女孩手忙脚乱。尤其在外面遇到没带卫生巾的情况,更是让人窘迫。为了应对这样突如其来的情况,女孩可以随身携带一片备用的卫生巾,以防月经突然降临的情况。即使没带,也不要慌张,可以向身边的女同学或者女老师求助,不要害怕说出你的困境。

青春期是女孩从童年向成年的过渡阶段,在这一阶段,女孩的第二性征会开始发育,月经初潮也会到来。而由于女孩身体发育尚未完全,月经初潮后往往需要2~4年才能形成稳定的月经周期，再加上青春期这个阶段的女孩心理变化、学习压力、运动消耗、精神紧张等多重因素，月经失调的情况并不罕见。所以，遇到月经不规律时也不必过于担心。除了日常备好卫生巾，我们也可从自己身体上的变化来判断月经是否要到来，以便自己心理上有所准备。

"大姨妈"要来前，有什么预兆呢

因为不同女孩存在体质上的差异，所以每个人在来月经前会有不同的预兆。只要女孩关注自己身体发出的"信号"，就能在"大姨妈"来访前心中有数，及时做好准备。下面为大家列举一些"大姨妈"到访身体常会出现的预兆。

1. 来月经前，出现腰酸背痛、小腹坠痛、乳房疼痛等身体不适。

2. 来月经前，白带量会增加，这是正常现象，是宫颈和阴道充血引发的。

3. 一些女孩在来月经前会出现头痛、失眠、注意力难集中、情绪不稳定等情况。

4. 脸上的痘痘疯长，也是来月经前比较常见的情况。

青春知识 小链接

消除"月经羞耻"

时至今日,世界上还有很多地区将女性月经认为是一件"不好"的事情。在某个国家购买卫生巾,店员不会问你想要什么牌子,而会委婉地让购买者指出想要的卫生巾,随后再小心拿出,偷偷地包裹起来,塞进黑色袋子里再给消费者。这种认为月经是不洁、危险、可憎的观点,被称为"月经羞耻",且在很多不发达国家和地区,都具有普遍性。

月经并非令人羞耻的事,这是女性一种正常的生理现象,是性教育中要普及的重要内容。在国际上,将每年的5月28日定为"国际经期卫生日",呼吁结束"月经羞耻",反对污名化月经,并积极地宣传经期卫生健康知识。

我们要相信,只有了解正确的性知识,才能对自己的身体和生理健康情况更为了解。对性教育、生理健康知识的回避是不对的。女孩要拒绝"月经羞耻",只有充分了解自己的生理情况,才能保护自己,并健康地成长。

来"大姨妈"时难受怎么办

青春对话

"小玥,你怎么这么娇气?只是来'大姨妈'而已,你有这么疼吗?"
梓涵

小玥
"我才不算娇气呢!我真的很疼,每个人的体质不一样,你来'大姨妈'时不疼是你体质好。"

"额……对不起。我不是想嘲笑你,只是有些疑惑而已。那你要怎样才能好一些?"
梓涵

小玥
"帮我倒一点热水吧,听我妈说,痛经时可以喝点热水,有助于缓解症状。"

问题解读

部分女孩每个月总有那么几天,容易被痛经折磨得死去活来,这种疼痛能把平时活泼开朗的女孩,变成弱柳扶风的"病秧子",严重时甚至影响女孩的正常生活和学习。当然,痛经程度因人而异,并非所有女孩都会在经期痛得死去活来,有一些女孩的状态并不怎么受月经影响。所以,有部分女孩会怀疑,是否因为自己太娇气了,才觉得痛经不可忍受呢?

其实,是否痛经和女孩的身体素质、心理精神因素、近期生活习惯等都有很大的关系。一般从月经来潮前的12~24小

125

时开始，很多女孩都会有腰、腹疼痛的症状，到月经来潮时，症状会加剧，出现阵发性绞痛，严重时甚至伴有恶心、呕吐等症状。

月经所带来的身体虚弱或疼痛是难以避免的，因此女孩们不要过于焦虑、抵触或自责，只要掌握正确的经期护理知识，就能帮我们有效地缓解月经来潮时带来的不适症状。

专家答疑

经期难受该怎么办

经期出现烦躁、焦虑不安、身体难受等都属于正常的生理现象，不必过于担心，很多女孩都有经期小腹疼痛、脸色苍白，甚至浑身出冷汗的症状，可以尝试以下方式来缓解不适。

1. 注意保暖。身体受凉不利于经血的顺利排出，且会加重痛经。经期感到不适时，可以用热水袋或暖宝宝热敷腹部进行缓解，同时不要用凉水洗澡、洗手或洗头。

2. 多喝热水。常言道：痛则不通，通则不痛。多喝热水不但能保暖，还有助于人体血管的舒张，能帮助女孩更好地排出经血，减少痛经。

3. 保证饮食的营养。可以吃一些富含维生素 E 和含铁的食物，多摄入优质蛋白，如菠菜、牛奶、鸡蛋、红糖水等。

4. 可以吃一点止痛药。比如，布洛芬、吲哚美辛、酮洛芬、双氯芬酸等止痛药都能缓解痛经，可以咨询医生后遵医嘱服用。大部分止痛药没有明显的副作用，也不会产生依赖性，女孩不必谈药色变。

青春知识 小链接

如何度过月经特殊期才能保持身心健康

月经期间的健康护理十分重要，注意以下四点护理事项，能更好地帮助女孩保持身心的健康。

1．注意私处卫生情况。为保证生殖系统的健康，避免私处滋生细菌，无论是经期还是平时，女孩都要正确地清洗和护理私处，可以用流动的温水每日冲洗私处，保持私处的清洁。

2．经期应避免吃辛辣、冰冷的食物，保证经期饮食的温和，避免刺激卵巢，可以有效地缓解痛经带来的不适。

3．经期需充分休息，保证充足的睡眠，避免熬夜。熬夜容易影响身体毒素的外排，影响身体健康，而充足的睡眠有助于缓解经期疲劳，能帮女孩恢复精力。

4．经期应注意保暖。女孩月经期间的身体抵抗力会比较差，如腹部着凉，则容易引起一些疾病。

胸部变大的烦恼

青春故事

最近，熟悉梓涵的人都发现她心情不太好，每天就连笑容都很勉强。小玥担心好朋友的状况，便主动询问梓涵发生了什么事。梓涵支支吾吾了半天才说出原因。

原来，梓涵最近觉得自己的胸部渐渐隆起，还有一些胀痛，她知道这是自己的胸部开始发育了，但妈妈并没有注意到她的变化，没有给她买合适的内衣，她既不好意思和妈妈说自己胸部的变化，又担心胸部变大被同学嘲笑，每天只好裹着厚校服，并且含胸驼背地掩饰自己逐渐变大的胸部。

早就开始穿内衣的小玥觉得这不是什么大问题，便鼓励梓涵勇敢地同妈妈沟通，然后给自己选购合适的内衣，不要总是含胸驼背地来遮掩胸部发育这件事。

问题解读

青春期就是这样一个充满变化，容易让女孩不知所措的阶段。在身体和心理变化发生时，因为对未知的恐惧，女孩们可能会本能地排斥这些变化，比如，像梓涵这样通过厚校服和含胸驼背来掩饰胸部的发育。这个阶段的敏感、脆弱和抵触，并不少见，每个女孩在成长中都会经历这样的阶段。

所以，请不要慌张，这些是成长的一部分。在你苦恼于胸部变大这样的问题时，你身边的同学、朋友，每个处在青春期的女孩都在经历和你类似的情况。你并非个例，你也很安全，身体的变化和发育不该被嘲笑或回避，只要掌握足够的青春期健康成长的知识，你就能很好地应对这些困扰。

　　胸部变大是女孩进入青春期后正常的发育现象，乳房的发育受女孩身体内雌激素和孕激素的影响，无论是胀痛还是乳房隆起、变大，都属于正常的生理现象，坦然地面对和接受就好，不必害羞或害怕。

专家答疑

青春期女孩胸部发育有哪些变化和特点呢

　　1. 女孩进入青春期后，体内胰岛素、垂体激素、卵巢激素都逐渐增多，在这些激素的作用下，女孩的乳房会开始发育变大。发育初期，乳腺增生会使乳房内出现硬块，这是乳核在发育成形，这时用手按压会有些疼。随后，乳房变大，乳头及其周围的乳晕会开始变化，颜色逐渐加深，从深粉色变成浅褐色，这都是女孩身体发育成熟的表现。

　　2. 乳房中有乳腺管，能够分泌乳汁，这对女性日后哺育子女而言十分重要，要注意保护好乳房，使其健康发育。

　　3. 青春期女孩的胸部发育后，就要开始穿文胸，并学会选择适合自己的文胸。一般初期可以穿小背心，随着乳房逐渐变大，要开始选适合自己尺码的文胸。

4. 穿内衣可以帮助乳房塑形，让乳房发育得更好看，但内衣有束缚性，为保证血液循环和发育健康，睡觉时应脱掉文胸，换宽松的睡衣，促进胸部的健康发育。

青春知识 小链接

胸部发育后的注意事项

1．避免含胸驼背，正视胸部的发育问题，调整自己对胸部发育的抵触情绪。要相信青春期女孩成长中胸部的变化是正常现象，女孩胸部发育就像男孩会长胡子一样，不必为此感到害羞。

2．主动与妈妈沟通，学会选择适合自己的内衣，不要因害羞而不敢要求穿内衣。同时要注意，避免穿过于紧身的束胸衣，否则会影响乳房的发育。

3．要注意乳房的卫生护理，勤洗澡，并正确地清洗乳房和乳头，可以在洗澡时适当轻揉来清洁乳房，这样有利于保持乳房卫生的清洁和健康发育。

4．内衣或小背心要选择纯棉材质，透气性好的，并且要勤换洗。内衣洗净后可以放在阳光下晾晒杀菌，且每三个月可以更换一次内衣。

5．如果乳房有异常疼痛，或者乳头出现异样分泌物，要及时告诉妈妈，到医院进行专业的检查。

脸上长痘怎么办

小玥因为最近脸上频繁地长青春痘,每天都闷闷不乐的。一天晚上,小玥向妈妈哭诉,说自己漂亮的脸都被青春痘毁了,自己因此变得不自信了。妈妈安慰小玥道:"过了这个阶段就好了,青春期嘛,长青春痘是很正常的。"一旁的爸爸打趣道:"不自信什么,这都是青春的象征。我想长几颗青春痘,还没有呢。"虽然知道妈妈的安慰和爸爸的打趣是想开导自己,但是面对原本光滑的脸上此起彼伏地长出的青春痘,小玥还是郁郁寡欢的。

在青春期身体的一系列变化中,青春痘也是令女孩觉得烦恼的问题之一。原本细嫩光滑的脸蛋上不断地出现青春痘,影响美观,破坏了我们的心情。这时候,我们总会想尽一切办法来消灭青春痘,可情况往往事与愿违,"战痘"效果一般,脸上却平添很多痘坑、痘印,让我们变得自卑又敏感起来。

步入青春期,因为生长激素和性激素的影响,我们出现青春痘都属正常现象。这只是青春期皮脂腺分泌功能受身体激素影响导致的,并不会伴随终生。

所以,脸上长了青春痘以后,不要太着急,也不要暴力挤压它,或过度美容祛痘。放松心情,坦然接受青春痘的出现,无须费大力气去干预这些青春痘，过度干预可能会适得其反，使皮肤变得更差。等青春期过去，这些恼人的青春痘自然会逐渐消失。

>>>>>>>>>>>>>>

专家答疑？

青春痘从哪里来？女孩又该如何面对呢

青春痘也叫"痤疮"，是由于进入青春期后，身体内激素分泌旺盛，刺激皮脂腺分泌的皮脂增加，越来越多的皮脂老化、脱落，堆积在毛孔中，就形成了青春痘。

激素影响、饮食不当、作息不规律、面部清洁不到位等都易引发青春痘。一般青春痘呈现丘疹、脓疱、粉刺等形式，并在面颊、下巴、额头等部位较为常见，前胸和后背也偶尔可见青春痘。

青春痘很普遍，根据医学统计，青春期阶段，有高达50%的青少年会长出青春痘，而这个时间会持续一年以上，仅有20%的青少年可免于青春痘的困扰，另外30%的青少年则属于青春痘高危人群，长痘情况较为严重，且可能会在青春期过后也较为明显。

放平心态，注意清洁，减少抠、挤、挑青春痘的行为，避免过多地刺激和干预，才不会让青春痘恶化，也有利于日后皮肤状态的恢复。

青春知识 小链接

应对青春痘的小妙招

1. 保证脸部的清洁。每天早晚两次清洁脸部即可,过度、反复洗脸并不会减少青春痘,反而会刺激皮脂腺的分泌功能,导致青春痘的增多。

2. 少吃油炸、辛辣、高热量的食物,饮食清淡,多吃蔬菜水果,减少糖类的摄入,注意补充维生素C,有助于减少青春痘。

3. 保证充足的睡眠,早睡早起不熬夜,作息规律不仅不容易长痘,还能让皮肤健康,气色更好。

4. 不过分在意青春痘。情绪也是影响青春痘的重要因素之一。脸上长出青春痘不要害怕或焦虑,这只是青春期正常的现象,不必太在意。大多数人在这个阶段都会长青春痘,顺其自然,减少压力,也许过段时间痘痘会因你的不在意而自然减少。

5. 如果你的长痘情况明显超出正常范围,那么要及时请家长带你去正规医院的皮肤科就诊。现代医学技术先进,有很多有效的治疗方法,可以帮助你及时控制症状,避免留下难以恢复的皮肤问题。

内裤上有白白的东西,是生病了吗

青春对话

梓涵

"妈妈……不知道为什么我内裤上有白白的东西，我想把它洗干净。"

"哦，你不用担心，它是白带而已，女孩长大之后都会有的，这就是正常的阴道分泌物。"

梓涵妈妈

梓涵

"为什么会有白带呀？感觉好奇怪。"

"女孩长大之后，通过白带的颜色、气味，就可以判断自己是否健康。如果白带异常发黄、有异味，就说明我们的身体出现了一些问题，就需要去医院检查了。"

梓涵妈妈

梓涵

"哦，那要是这么说，白带岂不是女孩身体健康的哨兵，帮我们监控健康的吗？"

"正解！你比喻得很恰当。"

梓涵妈妈

问题解读

步入青春期后，很多女孩都会发现自己的内裤上开始出现白色的东西，担心是否自己身体出现了什么问题，并对这一情况感到害羞或紧张，只想自己赶紧洗干净内裤。

其实，这些内裤上白色的东西就是白带。女孩在青春期之前是没有白带的，随着月经初潮的到来，白带就会开始出现。白带是一种保护阴道健康的分泌物，属于正常的生理现象，不用过度担心。

一些女孩觉得白带很脏，那种黏腻的感觉让自己十分不舒服，从而选择日常垫护垫。这并不是很好的保健方式，这样做不但会影响阴道的自我保护能力，还更容易滋生细菌，引发疾病。如果白带较多，适时更换内裤，保证清洁即可。

专家答疑

白带异常怎么办

1. 正常的白带应该是透明拉丝状。如果白带为黄色、绿色脓状，带有血丝，或者呈现豆腐渣状态，或出现腥臭味道，则说明白带异常，需注意观察，及时就医。

2. 白带异常时，不要害怕或者羞于启齿，要及时告诉妈妈。如果妈妈不在身边，也可求助于周围的女性亲友，及时到医院做检查。白带异常是很常见的健康问题，只要遵医嘱治疗，定期检查、做好护理即可康复，因此不必慌张或焦虑。

3. 白带异常也可能是内裤不洁导致的。你要注意私处的个人卫生，需每日勤换内裤，替换下来的内裤可以用内衣专用洗衣皂立即清洗，并在阳光下晾晒杀菌。同时注意每天清洗私处，保证外阴的清洁、干爽。

4. 保持良好的作息和健康的饮食，注意增强自身的免疫力，同时调节好心情，也有助于缓解白带异常。

青春知识 小链接

白带有关的小知识

1. 白带是女性阴道流出的一种白色的分泌物，具有一定黏性，其组成主要包括子宫内膜、前庭大腺、子宫颈腺体的分泌物以及阴道脱落的上皮细胞。

2. 白带具有抑菌、保持阴道健康的作用，这主要是因为它里面含有较丰富的乳酸杆菌、溶菌酶和抗体。

3. 白带的分泌情况与月经周期变化有关，一般女孩在每月的排卵期前后白带会增多，健康的白带是清亮、稀薄的。

4. 如果白带出现异常，如发黄变色、有异味，则说明可能有妇科炎症，此时需告诉妈妈，及时就医检查。

5. 白带具有润滑的作用，能保持阴道湿润，让阴道前后壁的摩擦减轻，充分保护阴道壁，所以健康的白带对女孩身体健康有好处。

瘙痒是因为卫生巾吗

青春故事

最近，梓涵贪便宜买了低价的卫生巾，没想到私处深受瘙痒的困扰。担惊受怕的梓涵后来又换回了之前的卫生巾，并且严格按照两个小时更换一次的做法，精心地保护自己，可瘙痒问题还是没有得到解决。

于是，梓涵只好硬着头皮向妈妈求助。妈妈带梓涵到医院妇科进行了一番检查，医生说梓涵患的是外阴炎。梓涵既害怕又委屈地说："可是我已经换回了之前的卫生巾，怎么还是不好呢？"医生安慰梓涵说："这个问题不一定是卫生巾导致的，因为女孩生理结构比较特殊，像爱穿紧身牛仔裤、内裤的材质不透气、去公共泳池游泳等都会引发炎症。小姑娘不要太担心，遵医嘱用药，很快就会好的。"

梓涵想起自己喜欢穿的紧身牛仔裤，以及经期更换卫生巾不及时，便放下心来，并决定改掉这些坏习惯，确保身体健康。

问题解读

很多处于青春期的女孩可能都遇到过外阴瘙痒的情况。这种症状可能几天后自己就痊愈了，也可能一直断断续续地困扰着我们。但出于害羞难以启齿，怕被别人觉得自己不讲卫生等原因，很多女孩选择回避和忍耐，但这样对自己的健康无益。

其实，外阴瘙痒是很常见的一种妇科症状。这种瘙痒不一定是卫生巾导致的，也有可能由外阴病变、药物刺激、日常卫生或生活习惯不良所致。它的诱发因素是多方面的，治愈也并不困难，所以不用紧张、害羞。如果出现持续外阴瘙痒的状况，女孩要向妈妈寻求帮助，及时就医检查就可以。

专家答疑

为什么会出现外阴瘙痒症状

1. 外阴局部皮肤不洁，容易导致外阴瘙痒。女孩使用不合格的卫生巾、不洁净的卫生纸，甚至汗液、尿液、粪便浸渍局部皮肤，都易导致外阴瘙痒。

2. 外阴皮肤病，如股癣、湿疹、神经性皮炎等会导致外阴瘙痒。

3. 穿紧身牛仔裤，或内裤透气性不好，都容易导致外阴瘙痒。

4. 过敏体质的女孩服用磺胺类或者其他引发过敏的药物，可能导致外阴部皮肤黏膜局部瘙痒。

外阴瘙痒并不少见，女孩出现这样的症状也不必害怕，及时就医即可，治疗过程也不复杂，一般使用外用洗液、药膏，遵医嘱用药及护理即可治愈。

青春知识 小链接

如何预防外阴瘙痒

1. 重视经期卫生，选择质量合格的卫生巾，以纯棉材质为佳，并注意及时更换卫生巾、内裤，每天清洗私处，保持外阴清洁。

2. 清洗外阴时用温水，不用热水烫洗，不用碱性肥皂清洗，注意保持外阴干燥。

3. 穿宽松、透气、纯棉的衣物，尽量不穿紧身牛仔裤、紧身兜裆裤。

4. 少吃辛辣、刺激性食物，尤其是易过敏的女孩，更要重视饮食，避免饮食过敏导致瘙痒。

5. 出现外阴瘙痒症状时，切忌用手抓挠，也忌胡乱用药，应及时就医检查。如果瘙痒症状难以忍受，也可厚叠干净的冷毛巾对外阴进行湿敷，并三分钟清洗一次毛巾，直到瘙痒问题缓解为止。同时，要注意及时遵医嘱用药，不可轻视与大意。

你会护理"小花园"吗

144

小玥
"梓涵,问你个严肃的问题,你每天是怎么护理'小花园'的呢?"

"你是想问怎么清洁私密处的吧?"
梓涵

小玥
"对对对!我一直困惑到底要怎么清洗?要用香皂、沐浴露还是专门的洗液?"

"我之前去医院,医生告诉我每天用流动的温水冲洗就行了,不用特殊的洗涤用品,而且一定要避免过度清洁,香皂、沐浴露这些都会破坏阴道的内部菌群平衡。"
梓涵

小玥
"好在我提前跟你聊了这个问题,不然我就要犯过度清洁的错误了。"

问题解读

　　进入青春期,女孩的身体迎来一系列变化,连带着女孩的生活习惯也开始改变,很多女孩都开始有了清洁私密部位的意识。但女性阴道位于身体内部,因其位置私密,加上女孩们又对它了解得不多,所以很容易在日常护理或清洁时陷入误区,对私密部位进行不当的清洁或错误的护理。

　　女孩呵护私密部位"小花园"是非常重要,也是十分正常的事。女孩在进入青春期后，应该积极地了解自己的身体，学会正确地护理私密部位的卫生，养成良好的生活习惯，才能收获健康、向上、美好的成长，让自己更顺利地度过青春期。

专家答疑

如何护理阴道"小花园"呢

1. 每日用流动的温水清洁外阴部分即可，不需清洁阴道内部，也不必使用特殊的清洁液。如果正处于月经期间，可以增加清洗的次数，早晚各清洗一次，保证私密处的洁净。

2. 学会正确地使用卫生巾和卫生纸。注意卫生巾存放得当，避免卫生巾使用前因汗液、包内灰尘等因素而被污染。大小便后使用卫生纸时，要从前向后擦拭，避免将粪便、细菌带到尿道或阴道处。

3. 注意不能用脏手触碰阴部。我们的手上携带较多的细菌，若不小心触碰阴部，则可能引发阴部瘙痒、异味、疼痛等问题。所以，更换卫生巾、清洗私处前，需先将双手洗干净。

4. 内裤与其他衣物要分开洗涤，最好选用内衣专用清洁剂清洗，切忌用洗衣机清洗内裤。洗干净的内裤最好在太阳下晾干，不要穿潮湿或者半干的内裤，否则容易引起妇科疾病。

青春知识 小链接

女孩必知的阴道护理小知识

1. 阴道作为女性的生殖器官之一，主要由黏膜层、肌层和纤维组织膜组成，具有一定的延展性。女孩月经血的排出和以后做妈妈分娩胎儿，都要通过阴道。

2. 阴道内部有其自己的微生态系统，这些体内的微生态系统，能帮助我们的阴道保持在合适的酸性环境中，从而有利于抑制体内病原体的生长。所以，女孩阴道中的微生物不但不会致病，还能帮助我们维持体内的生态平衡。

3. 阴道内部不必特殊清洗。因为人体阴道内部的微生物菌群已经能很好地保持阴道 pH 值处于正常平衡状态，用洗剂清洗过后反而会破坏阴道内的菌群平衡，容易引发疾病。

4. 阴道炎并不是羞耻且严重的妇科疾病，这只是阴道发炎，就像感冒时我们的嗓子会发炎一样。而且也并非已婚女性才会出现妇科疾病，如果私密处护理不当，即使是幼女也会得妇科病。所以，如果发现阴道异常状况，就要及时就医，不要讳疾忌医。

身体长毛毛好难看怎么办

青春对话

"唉,今天体育课上你看到你同桌的腿了吗?女生居然也有那么多腿毛,好像猕猴桃一样。"

梓涵

小玥
"别说我同桌了,你就看看我,抬起胳膊,两团腋毛。你有没有感受到浓浓的雄性激素的气息扑面而来?"

"哈哈哈,难道这就是今年你都没穿过吊带裙的原因吗?不过,我也和你有一样的烦恼。因为我唇毛有些重,好像两撇小胡子,到底要怎么办啊?"

梓涵

小玥
"要不我们自己修剪一下体毛吧,否则太难看了。"

问题解读

体毛问题,不仅困扰着青春期的男孩,同样受困扰的还有青春期的女孩。在没有注意时,我们的身体已经悄悄地长出了腋毛、阴毛,很多女孩的腿部、手臂、嘴唇周围的毛发也比较重,看起来毛茸茸,有些影响美观,令人心烦。

体毛的生长是青春期身体的重要变化之一,这些体毛就像我们身体的保护伞,覆盖在皮肤表面,每一处体毛都有其各自的作用,保护着我们身体的健康。

影响我们体毛生长的因素,主要有内分泌和遗传两方面。

女孩也不必因体毛重而自卑，因为内分泌和激素诱发的体毛重，过了青春期这个阶段就会有所缓解，而遗传因素诱发的体毛重，可以将其视为父母对我们的一种"馈赠"。

无论男孩还是女孩，都会经历体毛的生长，这是一种自然的生理现象，是成长的印记，是每个人走向成熟的必经之路，不必为此烦恼，也不必为此感到羞涩。

专家答疑？

体毛有什么作用？我们是否需要剔除它呢

1. 体毛是对我们身体上毛发的统称。除头部的头发、阴部的阴毛、腋下的腋毛比较茂密之外，我们身体上其余部位的毛发都是汗毛，并不十分明显。而我们身体表面的所有体毛都具有排汗、调节体温、保护毛孔的作用。

2. 女孩不要轻易地刮除身上的汗毛，以免刺激皮肤，导致皮肤粗糙、红肿甚至感染。

3. 镊子拔除体毛的这种方式不可取，容易引发毛囊炎。

4. 腋毛和阴毛都有防止细菌滋生，保护腋窝和阴部皮肤的作用，而且绝大多数人都会长腋毛和阴毛，所以不必过于在意。

5. 如果为穿衣美观需要腋下脱毛，可以选用圆头剪刀仔细修剪，这样能保护腋下的皮肤。建议青春期的女孩不要使用激光、脱毛膏、刮除这类脱毛方式。

青春知识 小链接

导致毛发异常增多的原因是什么

我们在青春期会出现毛发异常增多的情况，如嘴唇周围的"小胡子"过于明显，手臂、腿部汗毛过多、过重，这主要是由三方面因素引起的。

1. 雄激素分泌过多。并非只有男性身体里才会分泌雄激素，女性体内也会分泌雄激素，只是女性体内雄激素含量比较低。但因青春期体内激素和内分泌的影响，女孩体内的雄激素有可能异常，这就会导致我们的体毛异常增多。

2. 多囊卵巢综合征。这是一种内分泌和代谢异常疾病，患者的卵巢不能正常排卵，会出现月经失调等症状。患有这种疾病的女孩由于体内激素分泌失衡，不但会有月经不调、体毛增多问题，痤疮问题也会比较严重。

3. 药物因素。环孢素、糖皮质激素等药物，会改变我们的身体激素水平，如果服用了这类药物，则可能出现体毛增多的问题。

总而言之，对于正常生长的体毛，青春期的女孩不要过度在意或抵触。但如果发现体毛异常增多，则要告诉父母，及时就医即可。